# Quick Guide

**Reihe herausgegeben von**
Springer Fachmedien Wiesbaden
Wiesbaden, Deutschland

Quick Guides liefern schnell erschließbares, kompaktes und umsetzungsorientiertes Wissen. Leser erhalten mit den Quick Guides verlässliche Fachinformationen, um mitreden, fundiert entscheiden und direkt handeln zu können.

Wibke Heidig · Thomas Dobbelstein

# Quick Guide Marktforschung im Mittelstand

## Wie Sie Ihre Kunden und Märkte besser verstehen – fundiert, praxisnah und KI-gestützt

2. Auflage

Wibke Heidig 🆔
Hochschule Albstadt-Sigmaringen
Sigmaringen, Deutschland

Thomas Dobbelstein
Duale Hochschule Baden-Württemberg
Ravensburg, Deutschland

ISSN 2662-9240          ISSN 2662-9259   (electronic)
Quick Guide
ISBN 978-3-658-49204-5          ISBN 978-3-658-49205-2   (eBook)
https://doi.org/10.1007/978-3-658-49205-2

Die Deutsche Nationalbibliothek verzeichnet diese Publikation in der Deutschen Nationalbibliografie;
detaillierte bibliografische Daten sind im Internet über https://portal.dnb.de abrufbar.

Planung/Lektorat: Maximilian David
Springer Gabler ist ein Imprint der eingetragenen Gesellschaft Springer Fachmedien Wiesbaden GmbH
und ist ein Teil von Springer Nature.
Die Anschrift der Gesellschaft ist: Abraham-Lincoln-Str. 46, 65189 Wiesbaden, Germany

Wenn Sie dieses Produkt entsorgen, geben Sie das Papier bitte zum Recycling.

# Vorwort

Ein Blick in die Marktforschungsliteratur lässt dem Praktiker mit keiner oder wenig Erfahrung in der eigenen Planung und Durchführung einer Studie das Themenfeld der Marktforschung als überaus weit und breit gefächert erscheinen. Neu aufkommende Marktforschungsmethoden, die Möglichkeiten im Bereich von Künstlicher Intelligenz und Data Analytics sowie Diskussionen um das Thema Datenschutz erschweren den Zugang zu diesem Thema. Den richtigen Ansatzpunkt, die richtige Datenerhebungs- und Datenauswertungsmethode zu finden, erscheint angesichts dieser Fülle an Informationen und aktueller Buzzwords als große Herausforderung. Gerade in klein- und mittelständischen Unternehmen bleibt, angesichts von Zeit- und Ressourcenrestriktionen, dann nur wenig Zeit, sich einen Weg zu den passenden Informationen zu ebnen. Der Quick Guide *Marktforschung im Mittelstand* schafft hierbei Abhilfe. Er liefert kurze, prägnante und vor allem umsetzungsorientierte Antworten auf die am häufigsten in der Praxis gestellten Marktforschungsfragen:

Wie hilft mir Marktforschung im Unternehmen konkret weiter? Wie werden die richtigen Fragen gestellt? Wie kommt mein Unternehmen an die erforderlichen Daten? Wie werden daraus wertvolle Informationen und Ansatzpunkte für konkrete (Marketing)Maßnahmen?

Er versteht sich als wissenschaftlich fundierter und pragmatischer Leitfaden für eigene Marktforschungsprojekte. Die beiden Autoren lassen dabei nicht nur ihr Wissen aus der akademischen Lehre und Forschung in das Buch einfließen, sondern auch einen breiten Erfahrungsschatz aus unzähligen Marktforschungsprojekten in vielen verschiedenen Branchen, allen voran klein- und mittelständischen Unternehmen. In dieser zweiten Auflage wird zusätzlich besonderer Wert auf die Möglichkeiten gelegt, die Künstliche Intelligenz (KI) in der Marktforschung bietet. Sie erfahren, wie Sie KI-basierte Methoden sinnvoll und praxisnah als Unterstützung in Ihre Marktforschung integrieren können, um effizienter und zielgerichteter zu arbeiten.

Der Leser wird dazu ermutigt, selbständig das vermittelte Wissen anzuwenden, wenn es darum geht, die Zufriedenheit der Kunden zu ermitteln oder die Customer Journey nachzuvollziehen. Dies gilt sowohl für Praktiker aus dem B2B- wie auch dem B2C-Bereich. Methodische Grundlagen werden umsetzungsorientiert vermittelt – zu ihren Gunsten erfolgt die Darstellung des wissenschaftlichen Fundamentes nur in erforderlichen Einzelfällen.

Im Vordergrund der Darstellung stehen die beiden Datenerhebungsmethoden der quantitativen Befragung mittels Fragebogen und der Gruppendiskussion als qualitativem Marktforschungsansatz. Beide Methoden machen in der Praxis der primären Marktforschung den größten Anteil aller fragegestützten Datenerhebungsmethoden aus. Zusätzlich zeigt diese Auflage, wie KI-Technologien konkret zur Unterstützung der Fragebogengestaltung, der Transkription sowie der Datenanalyse eingesetzt werden können. Auch dem Thema Datenschutz wird in der zweiten Auflage mit einem ganzen Kapitel mehr Umfang eingeräumt. Die folgenden Ausführungen zeigen exemplarisch, wie Fragebögen und Leitfäden gestaltet werden, welche Do's und Don'ts es dabei zu beachten gibt und welche Ansatzpunkte für die Auswertung passend sind. Der interessierte Leser erhält zahlreiche Hintergrundinformationen und Tipps für weiterführende Quellen. Die Checklisten am Ende des Buches geben die Themen, die es zu beachten gibt, noch einmal kurz und prägnant wieder und ermutigen dazu, in die Welt der Marktforschung einzutauchen. In diesem Sinne wünschen wir unseren Leserinnen und Lesern ein gutes Gespür für die richtige Forschungsfrage, Freude am Einsatz von KI in eigenen Projekten und einen wissensdurstigen Marktforschergeist!

Abschließend noch ein Hinweis: Aus Gründen der besseren Lesbarkeit wird in diesem Buch auf eine durchgängige geschlechterspezifische Differenzierung verzichtet. Sämtliche Personenbezeichnungen gelten im Sinne der Gleichbehandlung gleichermaßen für alle Geschlechter.

Konstanz                                                   Wibke Heidig
Frickingen                                        Thomas Dobbelstein
Im September 2025

**Competing Interests** Die Autor*innen haben keine für den Inhalt dieses Manuskripts relevanten Interessenkonflikte.

# Inhaltsverzeichnis

# 1

# Zur Bedeutung der Marktforschung im Mittelstand

> **Was Sie aus diesem Kapitel mitnehmen**
>
> - Was versteht man unter Marktforschung?
> - Warum ist Marktforschung notwendig?
> - Wofür wird sie eingesetzt?
> - Welche Faktoren bestimmen den Einsatz der Marktforschung im Mittelstand?

Marktorientierung ist der Schlüssel zum Unternehmenserfolg – ohne Kunden, ohne Umsatz, kein Erfolg. Marktorientierte Unternehmen müssen Kunden und Mitarbeitende, deren Bedürfnisse und Erwartungen verstehen, um produkt-, markt- und unternehmensbezogene Entscheidungen fundiert fällen zu können. Eine umfassende und verlässliche Informationsgrundlage ist dabei unerlässlich und das Fundament unternehmerischen Entscheidens.

Warum ist das so? Sind die Bedürfnisse der Kunden beispielsweise nicht bekannt, steigt das Risiko teurer Fehlinvestitionen. Dazu ein reales Beispiel: Ein Getränkehersteller entwickelt eine neue Kartonverpackung für seine Getränke. Ein Produkttest in Familien im Rahmen der

W. Heidig und T. Dobbelstein, *Quick Guide Marktforschung im Mittelstand,* Quick Guide, https://doi.org/10.1007/978-3-658-49205-2_1

Marktforschung zeigte u. a., dass der neue Getränkekarton ca. 1 cm zu hoch für das Standardfach in der Kühlschranktüre ist. Die Erkenntnis aus der Marktforschung konnte eine teure Fehlinvestition vermeiden. Je genauer ein Unternehmen seine (potentiellen) Kunden und ihre Wünsche kennt, desto gezielter kann es darauf eingehen und desto höher werden Erfolgswahrscheinlichkeit und Umsätze. Werden im Rahmen der Marktforschung Fragen, wie die nach den idealen Produkteigenschaften, der Zahlungsbereitschaft oder einem erstrebenswerten Image eines Produktes beantwortet, sind dies – insbesondere bei intensivem Wettbewerb – unbedingt erforderliche, in hohem Maße für den Erfolg am Markt relevante Informationen.

Die Marktforschung ist ein beliebtes und oft zitiertes Instrument, wenn es darum geht, Informationen über Kunden, Mitarbeiter, Wettbewerber, Märkte und Lieferanten zu erhalten. Marktforschung umfasst dabei den gesamten Prozess der Informationsgewinnung, angefangen beim Stellen der richtigen Frage, der Datenerhebung und Datenstrukturierung über die Analyse bis hin zur Dokumentation und Ableitung von Marketingentscheidungen. Ein Blick in die Statistik der größten Marktforschungsmärkte Europas zeigt, dass Deutschland – direkt hinter dem Vereinigten Königreich – den zweiten Platz belegt. Die Umsätze der Marktforschungsbranche sind in den letzten Jahren recht stabil geblieben. Weltweit wuchs der Umsatz der Marktforschungsbranche im Jahr 2023 um 8 %, von knapp 130 Mrd. US$ auf 142 Mrd. US$ (ESOMAR 2024). Es lässt sich annehmen, dass es vor allem die großen Player auf dem B2C-Markt sind, die die Nachfrage nach Marktforschungsleistungen treiben. Dieser Umstand ist nicht darauf zurückzuführen, dass Marktforschungsanalysen keine Bedeutung im Mittelstand haben – ganz im Gegenteil. Gerade klein- und mittelständische Unternehmen (kurz: KMU) sowie Start-ups profitieren ganz erheblich von einem Wissensvorsprung, da sie durch spezialisiertes Wissen häufig Nischenmärkte bedienen oder sich in einem hoch dynamischen Wettbewerbsumfeld bewegen, das nicht selten internationaler Natur ist.

Vielmehr sind es die institutionalisierten Rahmenbedingungen und Wege der Entscheidungsfindung innerhalb von KMUs, die dazu führen, dass Marktforschung häufig als überflüssiger und überteuerter Luxus aus der Marketingbudgetierung rausfällt oder gut gemeint-aber schlecht gemacht, wenig Insights bietet. Wenn in diesem Buch immer wieder vom Mittelstand, KMUs und Start-ups die Rede ist, dann in dem klaren Bewusstsein darüber, dass es Unterschiede hinsichtlich der Eigentümerstruktur, dem Gründungszeitpunkt und der Mitarbeiteranzahl gibt. So meint der Mittelstand eigentümergeführte Unternehmen, die häufig (aber nicht zwangsläufig) auch die Klassifizierung als KMU erfüllen und damit weniger als 500 Mitarbeitende beschäftigen und einen Jahresumsatz von weniger als 50 Mio. € erwirtschaften (IfM 2025). Für dieses Buch ausschlaggebend soll jedoch weniger die Tatsache sein, dass es Unterschiede zwischen und innerhalb dieser Begrifflichkeiten gibt, als vielmehr die Gemeinsamkeit, die diese Unternehmen verbindet: die begrenzten Ressourcen. Die Erfahrung zeigt, viele KMUs besitzen meist knappe personelle und finanzielle Marketingmittel, die es auf alle Bereiche des Marketings zu verteilen gilt. So fehlt es den Marketingverantwortlichen, wenn es diese in dem Unternehmen denn gibt, häufig an Zeit und Know-how, neben dem Tagesgeschäft „Marktforschung durchzuführen". Die Vielzahl an möglichen Marktforschungsinstrumenten und die Dynamik, mit der sich diese Instrumente in den letzten Jahren verändert haben, lassen die Verantwortlichen häufig vor deren Einsatz zurückschrecken. Dem Tagesgeschäft und der Unterstützung des Vertriebs kommt dann meist eine größere Bedeutung zu, als der Durchführung von Umfragen & Co. Gerade die begrenzten finanziellen Mittel erlauben es KMUs dann häufig nicht, externe Unternehmen mit der Planung und Durchführung von Studien zu beauftragen. Nicht selten wird dann auf schnell verfügbare Informationen zurückgegriffen, die der gesamten Branche zu Teil werden aber keinen echten Wettbewerbsvorteil bringen. Das Bauchgefühl und anekdotische „Beweise" marktforschungsfreier Erfolgsgeschichten wie dem IPhone ersetzen dann eine verlässliche Datenbasis (Müller-Peters und Lübbert 2019, S. 4). Angesichts der aktuellen Entwicklungen im Bereich der Marktforschung sollte sich den Marketingentscheidern in KMUs nicht mehr die Frage nach dem *ob*, sondern nur noch nach dem *wie* stellen. Schließlich erlauben die Unterstützung durch KI sowie die Digitalisierung der Datenerhebung (in Form von Onlineumfragen) und der Datenauswertung eine kostengünstige und schnelle Bereitstellung und Auswertung der erhobenen Daten beinahe in Echtzeit.

Der Marktforschungsexperte weiß: Die Ergebnisse der Marktforschung sind nur so gut, wie der Prozess, der der Datengewinnung und Interpretation vorausgeht. Dieses Buch gibt Praktikern aus KMU, sowie Gründern und Start-ups unabhängig von der Branche einen Leitfaden an die Hand, um eigene Marktforschungsstudien effizient und effektiv zu konzipieren und die Ergebnisse richtig zu interpretieren. Es geht darum, die Schritte des Marktforschungsprozesses und deren Vorüberlegungen auf der Grundlage methodisch gesicherter Erkenntnisse aufzuzeigen und um unsere Erkenntnisse aus einer Vielzahl an praktischen Umsetzungen zu erweitern. Dabei widmet sich das Buch ganz bewusst nicht der gesamten Bandbreite an möglichen Marktforschungsmethoden und Fragestellungen. Diese lassen sich an anderer Stelle nachlesen. Der Fokus der folgenden Ausführungen liegt auf den beiden Instrumenten, die unter Zeit- und Kostengesichtspunkten am schnellsten und verlässlichsten umzusetzen sind. Wir wenden uns mit den folgenden wissenschaftlich fundierten Ausführungen aber ganz bewusst gegen die Vermutung eine Low-Budget-Marktforschung sei zwangsläufig „quick & dirty". Vielmehr begleitet die folgenden Ausführungen dieses Buches der Anspruch, dem Neueinsteiger in der Marktforschung aufzuzeigen, wie es angesichts starker Budgetrestriktionen dennoch gelingen kann, entscheidungsrelevante und verlässliche Informationen zu generieren im Sinne eines „quick & reliable".

---

**Ihr Transfer in die Praxis**

- Reflektieren Sie, in welchen Bereichen Ihres Unternehmens es aktuell Fragestellungen gibt, die mithilfe der Marktforschung beantwortet werden könnten.
- Analysieren Sie, welche Erwartungen Sie an Ihr zukünftiges Marktforschungsprojekt haben und welche Bedingungen dieses Vorhaben aus Sicht des Unternehmens erfüllen muss.
- Überlegen Sie, welche zeitlichen, personellen und finanziellen Ressourcen Ihnen für die Dauer des Marktforschungsprojektes zur Verfügung stehen.

# Literatur

ESOMAR 2024: Global Market Research 2024 report. Abrufbar unter: https://shop.esomar.org/knowledge-center/library?publication=3019 (Zugriff am: 01.05.2025).

IfM – Institut für Mittelstandsforschung (2025): Definitionen. Abrufbar unter: https://www.ifm-bonn.org/definitionen/ (Zugegriffen am 30.04.2025).

Müller-Peters, H. & Lübbert, C. (2019): Bitte forschen Sie weiter! – Ein Rück-, Ein- und Ausblick auf die Marktforschung. In: Keller, B. et al. (Hrsg.): Zukunft der Marktforschung, Springer Gabler, Wiesbaden, S. 1–13.

# 2

# Die zunehmende Bedeutung der Künstlichen Intelligenz in der Marktforschung

> **Was Sie aus diesem Kapitel mitnehmen**
>
> - Was ist Künstliche Intelligenz?
> - Welche Einsatzmöglichkeiten bietet KI für KMU in der Marktforschung?
> - Wie gestaltet sich das zukünftige Zusammenspiel von KI und Mensch?

Künstliche Intelligenz (kurz: KI) oder im englischsprachigen auch Artificial Intelligence (kurz: AI), ist spätestens seit dem Launch von ChatGPT im Jahre 2022 aus dem öffentlichen Diskurs nicht mehr wegzudenken. KI beschreibt „die Fähigkeit einer Maschine, menschliche Fähigkeiten wie logisches Denken, Lernen, Planen und Kreativität zu imitieren." (Europäisches Parlament, 2023). Diese Fähigkeiten machen KI besonders wertvoll für mittelständische Unternehmen, da KI-gestützte Methoden durchaus Ressourcen schonen und zugleich die Qualität vieler Prozesse verbessern können.

KI ist für Unternehmen längst kein Nischenthema mehr. Aktuelle Zahlen des Statistischen Bundesamtes zeigen, dass im Jahr 2024 rund ein Fünftel der deutschen Unternehmen ab 10 Mitarbeitenden künstliche Intelligenz einsetzt. Im Vergleich zum Vorjahr bedeutet dies einen

W. Heidig und T. Dobbelstein, *Quick Guide Marktforschung im Mittelstand,* Quick Guide, https://doi.org/10.1007/978-3-658-49205-2_2

Anstieg von acht Prozentpunkten. Besonders auffällig ist, dass größere Betriebe KI deutlich häufiger nutzen als kleine oder mittlere Firmen: Etwa die Hälfte der Großunternehmen (ab 250 Beschäftigten) verwendet entsprechende Technologien, während dieser Anteil in mittelgroßen Betrieben bei knapp einem Drittel liegt und bei kleineren Firmen sogar nur jedes sechste Unternehmen KI-Tools nutzt. Generell wächst jedoch die Verbreitung von KI über alle Unternehmensgrößen hinweg. Zu den beliebtesten Anwendungen gehören laut der Erhebung Analyseverfahren von Texten, Sprachverarbeitung und Programme, die natürliche Sprache erzeugen. Diese werden oft im Marketing oder Vertrieb, in Produktions- und Dienstleistungsbereichen sowie für organisatorische Prozesse und im Finanzwesen eingesetzt. 71 % der Unternehmen, die KI aktuell noch nicht einsetzen, nennen mangelndes Fachwissen als die wichtigste Hürde (DESTATIS, 2024). Vor allem bei KMUs scheint die Unsicherheit zum Einsatz von KI groß zu sein. Auf globaler Ebene zeichnet eine Studie von McKinsey aus dem Jahre 2024 aber ein optimistisches Bild, wenn es um den unternehmensseitigen Einsatz von KI geht: Der Anteil von Unternehmen, die in mindestens einem Fachbereich KI einsetzen liegt international bei 71 % (McKinsey, 2024).

Gerade im Marketing hat die KI unzählige Anwendungsfälle geschaffen, angefangen von der Content- und Bilderstellung, der Suchmaschinenoptimierung bis hin zum Einsatz von Chatbots (Davenport et al., 2020). Ihre Fähigkeit, auf der Grundlage von großen Datenmengen Muster zu erkennen und Vorhersagen zu generieren macht sie besonders wertvoll für die Marktforschung. Sie erlaubt es, riesige Mengen strukturierter und unstrukturierter Daten zu verarbeiten und ist daher in der Lage verschiedene Aspekte der Datenerfassung, Datenanalyse und Dateninterpretation zu automatisieren und zu optimieren.

In der renommierten wissenschaftlichen Fachzeitschrift *Marketing Science* wurde 2024 in einem Beitrag der Frage nachgegangen, ob KI in der Lage dazu ist, den Menschen als Auskunftsgeber in der Marktforschung gänzlich zu ersetzen (Li et al., 2024). Die Autoren dieses Artikels beschreiben, wie mithilfe von Large Language Models (z. B. ChatGPT) sogenannte „synthetische Daten" erzeugt werden, die menschliche Antworten nachahmen. Diese KI-generierten Antworten (etwa zu Markenähnlichkeiten oder Markenattributen) gelten als synthetisch, weil sie nicht direkt von realen Befragten stammen, sondern vom Modell „erfunden" bzw. berechnet werden. Anschließend wurden diese künstlichen Daten mit echten Umfragedaten und Verhaltensdaten verglichen, um zu prüfen, wie gut sie mit der Realität übereinstimmten. In ihren Untersuchungen haben die Wissenschaftler die Modelle gezielt mit Fragen konfrontiert, wie sie auch in klassischen Befragungen gestellt werden – etwa zum Thema, wie ähnlich bestimmte Marken eingeschätzt werden oder welche Attribute mit einer Marke assoziiert sind. Der Vergleich künstlicher und echter Antworten zeigte, dass die Ergebnisse der Sprachmodelle oft stark mit jenen aus traditionellen Befragungen übereinstimmen und relevante Muster ebenso gut oder sogar schneller aufdecken – die Übereinstimmungsraten zwischen den von Menschen und den von LLMs generierten Datensätzen lagen in der Studie bei über 75 %.

Aus praktischer Sicht bedeutet dies, dass Marktforschungsabteilungen künftig viel Zeit und Geld sparen können, wenn sie vorab auf KI-basierte Analysen setzen, um erste Hypothesen zu prüfen oder Trends abzufragen. Besonders interessant ist, dass die Modelle mit unterschiedlichen Prompts gefüttert werden können, um beispielsweise verschiedene Zeitpunkte oder Zielgruppen zu simulieren. Das ermöglicht ein schnelles Testen von Marktwahrnehmungen bei ganz spezifischen Gruppen – etwa in einem bestimmten Alter oder mit einem gewissen Einkommen – was in realen Umfragen mitunter schwierig oder teuer ist. Zwar ersetzt diese neue Methode die klassische Konsumentenbefragung nicht vollständig, doch in Kombination eröffnet sie eine Reihe von Möglichkeiten, um Studien schneller und agiler zu gestalten und Erkenntnisse zu gewinnen, die für eine effiziente Markenführung und Segmentierung wichtig sind. Die dargestellte Studie ist dabei nur ein kleiner Ausschnitt aus den Entwicklungen im Bereich der KI.

Die Fortschritte im Bereich automatisierter Marktforschung und der Nutzung synthetischer Daten sind in den letzten Jahren rasant vorangeschritten. Auch wenn die oben genannte Studie eindrücklich zeigt, welches Potenzial der Einsatz von KI in Form solcher Daten bietet, sprengt eine vertiefte Auseinandersetzung mit deren Zuverlässigkeit und Anwendungsfeldern den Rahmen dieses Buches. Wer sich intensiver mit Fragen der Datenqualität, rechtlichen Aspekten und konkreten

Umsetzungsmöglichkeiten synthetischer Daten befassen möchte, findet hierzu aktuell eine Vielzahl an Weiterbildungsangeboten und Fachveröffentlichungen.

In unserem Quick Guide konzentrieren wir uns vor allem auf Situationen, in denen einem Unternehmen Daten aus Primärerhebungen (zum Beispiel Befragungen) oder aus Sekundärerhebungen (bestehende Quellen, etwa Statistiken oder Studien) zur Verfügung stehen. Dabei wird aufgezeigt, wie der gezielte Einsatz von KI-Tools den gesamten Prozess – von der Erhebung bis hin zur Analyse und Visualisierung – effizienter und kostengünstiger gestalten kann. So lassen sich auch in kleineren Betrieben oder Abteilungen relevante Erkenntnisse gewinnen, ohne dass dafür große Budgets oder riesige Expertenteams notwendig sind. Aus der Vielzahl der verfügbaren Tools legt dieser Quick Guide für die praktischen Anwendungen der folgenden Kapitel ChatGPT-Plus zu Grunde (zum Veröffentlichungszeitpunkt der 2. Auflage des Quick Guides *GPT-5)*. ChatGPT bietet einen niedrigschwelligen Zugang zu KI-gestützter Marktforschung, lässt sich flexibel über die verschiedenen Stufen der Marktforschung einsetzen und ist weit verbreitet. Im Vergleich zu spezialisierten QDA- oder Analytics-Tools ist ChatGPT im laufenden Betrieb kostengünstig nutzbar – insbesondere in der Plus-Version. Für viele KMU ist dies ein entscheidender Vorteil gegenüber teuren Lizenzmodellen großer Softwareanbieter.

Auch wenn Technologien wie LLMs immer leistungsfähiger werden und neue Wege zur Datenerhebung und -auswertung eröffnen, bleibt die menschliche Expertise unverzichtbar. Schließlich liefern menschliche Daten aus Quellen wie vergangenen Surveys die notwendigen Trainingsdaten für LLMs um Muster erkennen zu lassen. Es ist vielmehr eine Frage der richtigen Balance: KI-Systeme können enorme Datenmengen effizient verarbeiten, während menschliches Urteilsvermögen und kreative Denkfähigkeit entscheidend sind, wenn es um komplexe Fragestellungen oder das Erkennen subtiler Nuancen geht. Menschen spielen auch künftig eine zentrale Rolle in der Marktforschung, weil sie die entscheidenden Fragen formulieren, komplexe Zusammenhänge richtig deuten und ethische Verantwortung übernehmen. Zwar können KI-Modelle wie LLMs Daten schnell und in großem Umfang generieren, analysieren oder bei deren Darstellung unterstützen, doch, die Interpretation dieser Ergebnisse und das Ziehen sinnvoller Schlüsse erfordern menschliche Expertise. Nur Menschen können derzeit beurteilen, ob Fragestellungen sinnvoll und fair sind, wie KI-generierte Erkenntnisse in konkrete Unternehmensstrategien umzusetzen sind und ob soziale, kulturelle oder ethische Aspekte angemessen berücksichtigt werden. Zudem bleibt menschliches Urteilsvermögen für das Erkennen unerwarteter Zusammenhänge und das Einbringen kreativer Ideen unersetzbar. KI mag viele Routinetätigkeiten erleichtern, aber der Mensch behält die Verantwortung, die richtigen Fragen zu stellen und die gewonnenen Erkenntnisse in die Praxis zu übertragen. Die Zukunft der Marktforschung wird daher von einer engen Zusammenarbeit zwischen Mensch und Maschine geprägt sein, um Unternehmen die bestmöglichen Entscheidungsgrundlagen zu liefern.

**Ein eigener Marktforschungs-GPT: Ihr spezialisierter Chatbot-Assistent**
Ein eigener GPT lässt sich am besten als ein spezialisierter Chatbot beschreiben, der gezielt auf ein bestimmtes Themengebiet – in unserem Fall Marktforschung – ausgerichtet ist. Im Unterschied zur allgemeinen Nutzung von ChatGPT kann ein individuell erstellter GPT gezielt auf spezifisches Wissen zugreifen, ohne dass dieses Wissen bei jeder Interaktion erneut über einen Prompt vermittelt werden muss. Somit entsteht ein **virtueller Marktforschungsassistent**, der Sie in allen Phasen eines Marktforschungsprojektes – von der Formulierung erster Forschungsfragen über die Erstellung von Fragebögen bis hin zur Analyse und Interpretation der Daten – systematisch und effizient unterstützt.
**Vorteile eines spezialisierten Marktforschungs-GPT**

- *Direkter Zugriff auf spezialisiertes Wissen:* Der Chatbot wird mit spezifischen Informationen und Materialien, wie etwa einem Brand Booklet, bestehenden Fragebögen oder unternehmensspezifischen Daten trainiert und liefert dadurch gezielt relevante Antworten.
- *Reduzierter Aufwand durch gezielte Wissensbasis:* Der Nutzer muss nicht wiederholt spezifisches Hintergrundwissen in den Prompts angeben. Das spart Zeit und erhöht die Präzision der Ergebnisse.
- *Kontinuierliche Nutzung während des Projekts:* Die Einrichtung eines eigenen GPTs bereits zu Beginn eines Marktforschungsprojekts

ermöglicht eine konsistente Nutzung während des gesamten Projektverlaufs. Hierbei empfehlen wir, die im Buch vorgestellten Promptvorlagen in der Interaktion mit Ihrem GPT zu verwenden, um bestmögliche Ergebnisse zu erzielen

- *Erweiterungsmöglichkeiten:* Grundsätzlich besteht auch die Möglichkeit, den GPT mit externen Programmierschnittstellen (APIs) zu verbinden, um beispielsweise auf aktuelle Marktdaten oder CRM-Systeme zuzugreifen. Dieses Thema wird in unserem Leitfaden nicht weiter behandelt; wir verweisen jedoch auf entsprechende Weiterbildungsangebote, falls eine solche Erweiterung in Ihrem Unternehmen sinnvoll erscheint.

**Einrichtung und Anpassung eines Marktforschungs-GPT**
Beim Erstellen eines spezialisierten GPT ist es wichtig, dem Modell klare Instruktionen zu geben. Die Präzision der Anweisungen und das spezifische Training mit eigenem Unternehmenswissen bestimmen maßgeblich die Qualität der späteren Interaktionen. So empfiehlt es sich, relevante Materialien wie interne Guidelines, Markenbücher, vergangene Umfragen und typische Fragestellungen in das Training des GPTs einzubinden. Auf diese Weise lernt das Modell die besonderen Merkmale und Anforderungen Ihres Unternehmens kennen und liefert somit deutlich treffsicherere Ergebnisse.

Um einen eigenen, spezialisierten GPT – etwa als Marktforschungsassistent – zu erstellen, folgen Sie diesen **Schritten**:

- **Öffnen** Sie ChatGPT (https://chat.openai.com) in der Desktop- oder mobilen Version.
- Klicken Sie links in der Menüleiste auf „**GPTs**".
- Wählen Sie oben rechts „ **+Erstellen**" aus.
- Im Dialogfenster haben Sie zwei Optionen:

  - **Geführter Modus (Erstellen):** Beantworten Sie schrittweise Fragen zur gewünschten Funktion Ihres GPT.
  - **Konfigurieren:** Hier definieren Sie eigenständig den Namen, die Beschreibung, die Anweisungen und ggf. Beispiel-Prompts.

- Laden Sie bei Bedarf **eigene Dateien** hoch (z. B. Brand Booklets, Beispiel-Fragebögen, Codierpläne), auf die Ihr GPT später zugreifen soll.
- Klicken Sie auf „**Erstellen**", um den GPT zu speichern.
- Im Anschluss können Sie festlegen, ob und mit wem Sie den **GPT teilen** möchten (z. B. nur für sich selbst, das Team oder öffentlich).
- Ihr **persönlicher Marktforschungs-GPT** ist jetzt einsatzbereit. Sie können ihn fortan für alle marktforschungsbezogenen Aufgaben verwenden – vom Fragebogenentwurf bis zur Ergebnisinterpretation.

**Unter „Hinweise" können Sie z. B. folgende Stellenbeschreibung ihres Marktforschungsassistenten angepasst an Ihr Unternehmen einfügen:**

<Stellenbeschreibung>
<Rolle>
Agiere als erfahrener Marktforscher mit fundierter Expertise in qualitativer und quantitativer Marktforschung.
Dein Ziel ist es, für [Unternehmensname] belastbare Erkenntnisse über [Kundenzufriedenheit, Produkteigenschaften und Markttrends] zu gewinnen.
Du sorgst dafür, dass Erhebungen methodisch fundiert und zugleich praxisnah für KMUs gestaltet sind.
Du kombinierst wissenschaftliche Genauigkeit mit pragmatischer Umsetzbarkeit.
</Rolle>

<Organisation>
Du arbeitest für [Unternehmensname]. [Unternehmensname] ist ein Anbieter/Hersteller für [Produkt/Lösungen/Dienstleistungen] in [Deutschland].
Du wirst teamübergreifend eingesetzt und arbeitest mit verschiedenen Fachbereichen [Produkt, Marketing, Strategie] eng zusammen.
</Organisation>

&lt;Aufgaben&gt;
Deine Aufgaben umfassen:

1. Konzeption von Fragebögen zur Kunden- und Marktanalyse im Word-Format.
2. Entwicklung von Erhebungsdesigns, die für KMUs praktisch, kosteneffizient und wissenschaftlich fundiert sind
3. Auswahl passender qualitativer oder quantitativer Methoden je nach Zielsetzung
4. Auswahl DSGVO-konformer, möglichst kostenloser KI-Tools zur Datenanalyse
5. Durchführung und Interpretation von statistischen Analysen (u. a. deskriptive Analysen, Clusteranalysen, Korrelationen, Regressionsmodelle, T-Tests).
6. Erstellung verständlicher Auswertungen und Präsentationen:

   – als PowerPoint-Dateien
   – sowie als schriftliche Empfehlungen im Word-Format

Deine Arbeitsergebnisse sollen jederzeit umsetzungsorientiert und anschlussfähig für KMUs sein.
&lt;/Aufgaben&gt;


&lt;Wichtige Hinweise&gt;
Deine Rolle ist entscheidend für den Erfolg von [Unternehmensname], da fundierte Marktforschung die Grundlage für strategische und produktbezogene Entscheidungen bildet.
Achte bei deiner Arbeit besonders auf:

- DSGVO-Konformität: Die Verarbeitung personenbezogener Daten erfolgt ausschließlich in geschützten Räumen.
- Vertraulichkeit: Es dürfen keine personenbezogenen Daten veröffentlicht oder ungeschützt weitergegeben werden.
- Genauigkeit: Deine Analysen sollen präzise, statistisch abgesichert und ethisch unbedenklich sein.

Bitte handle stets verantwortungsvoll, da deine Erkenntnisse maßgeblich für die strategische Ausrichtung des Unternehmens sind.
</Wichtige Hinweise>
</Stellenbeschreibung>

Die Leistungsfähigkeit und auch die Anzahl an KI-basierten Tools in der Marktforschung entwickelt sich seit einiger Zeit exponentiell. Die folgenden Kapitel können daher nur einen Ausschnitt aus den Einsatzmöglichkeiten von KI in der Marktforschung zum Zeitpunkt der Veröffentlichung geben. Es soll die interessierte Leserschaft jedoch dazu animieren, die eigenen digitalen Fähigkeiten stetig zu erweitern, denn: AI is here to stay!

**Ihr Transfer in die Praxis**

- Nehmen Sie die Herausforderung an und entdecken Sie die Möglichkeiten, die die Künstliche Intelligenz bereithält, um Ihren beruflichen Alltag effizienter zu gestalten!
- Testen Sie ChatGPT als eine weit verbreitete KI mit hohem Unterstützungspotenzial für Ihre eigene Marktforschung.
- KI entfaltet ihr volles Potenzial erst in den Händen kompetenter Anwender!

## Literatur

DESTATIS Statistisches Bundesamt (2024): Pressemitteilung Nr. 444 vom 25. November 2024, abrufbar https://www.destatis.de/DE/Presse/Pressemitteilungen/2024/11/PD24_444_52911.html.

Europäisches Parlament (2023): Was ist künstliche Intelligenz und wie wird sie genutzt?, abrufbar https://www.europarl.europa.eu/topics/de/article/20200827STO85804/was-ist-kunstliche-intelligenz-und-wie-wird-sie-genutzt.

Li, P., Castelo, N., Katona, Z., & Sarvary, M. (2024). Frontiers: Determining the validity of large language models for automated perceptual analysis. Marketing Science, 43(2), 254–266.

McKinsey (2024): The State of AI. Abrufbar unter: https://www.mckinsey. com/capabilities/quantumblack/our-insights/the-state-of-ai (Zugegriffen am: 23.02.2024)

## Weiterführende Literatur

Davenport, T., Guha, A., Grewal, D., & Bressgott, T. (2020). How artificial intelligence will change the future of marketing. Journal of the Academy of Marketing Science, 48, S. 24–42.

Nestor Maslej, Loredana Fattorini, Raymond Perrault, Vanessa Parli, Anka Reuel, Erik Brynjolfsson, John Etchemendy, Katrina Ligett, Terah Lyons, James Manyika, Juan Carlos Niebles, Yoav Shoham, Russell Wald, and Jack Clark, "The AI Index 2024 Annual Report," AI Index Steering Committee, Institute for Human-Centered AI, Stanford University, Stanford, CA, April 2024.

Sarstedt, M., Adler, S. J., Rau, L., & Schmitt, B. (2024). Using large language models to generate silicon samples in consumer and marketing research: Challenges, opportunities, and guidelines. Psychology & Marketing, 41(6), 1254–1270.

# 3

# Strategische Vorabentscheidungen

**Was Sie aus diesem Kapitel mitnehmen**

- Warum sind Daten nur die halbe Miete in der Marktforschung?
- Warum sind Primärdaten so erstrebenswert?
- Wann sollte ich auf qualitative Daten zurückgreifen – wann auf quantitative Daten?
- Welche Möglichkeiten und Grenzen bietet KI zur Unterstützung der Marktforschung?

Der Start eines Marktforschungsvorhabens ist geprägt von einigen Vorabentscheidungen, die die weiteren Schritte des Marktforschungsprozesses bestimmen und damit einen wesentlichen Einfluss auf die Güte und Verwertbarkeit der Studienergebnisse haben. Im Wesentlichen geht es in diesem Schritt um die Frage, welche Daten eigentlich erhoben werden sollen. Die Art der Daten und deren Güte bestimmen schließlich über die einzusetzende Datenerhebungsmethode (Kap. 7 und 8) wie auch über das anzusetzende Auswertungsverfahren (Kap. 9).

Die zu erhebenden Daten lassen sich danach unterscheiden, wie die folgenden drei Fragen beantwortet werden:

W. Heidig und T. Dobbelstein, *Quick Guide Marktforschung im Mittelstand,* Quick Guide, https://doi.org/10.1007/978-3-658-49205-2_3

- Woher kommen die Daten? (Primärdaten, Sekundärdaten, Big Data)
- Lassen sich die Daten quantifizieren? (qualitative Daten, quantitative Daten)
- Sind die Daten zeitpunkt- oder zeitraumbezogen? (Querschnittsdaten, Längsschnittdaten)

Bei der Konzeption der Marktforschung gilt es grundsätzlich alle drei Fragen zu beantworten, um die richtigen Daten für die konkreten Forschungsfragen zu finden. Das Datenerhebungsinstrument der Wahl ergibt sich dann aus der Kombination der Antworten auf diese drei Fragestellungen. Neben der Frage danach, welche Daten erhoben werden sollen, ist es in dieser Phase des Marktforschungsprozesses auch wichtig zu bestimmen, wer diese Daten erheben soll bzw. wer die Marktforschung verantwortet. Dies betrifft die Frage nach dem Make-or-Buy, der wir uns im Abschn. 3.5 aus einer praxisorientierten Perspektive widmen wollen.

## 3.1 Daten, Informationen und Insights

Daten bilden die Grundlage einer Marktforschungsanalyse und bestimmen damit über den Umfang und die Qualität der Erkenntnis, die sich daraus generieren lässt. An dieser Stelle möchten wir dafür sensibilisieren, dass **Daten** zum einen natürlich die Ausgangsbasis darstellen, für sich genommen aber keinen Mehrwert für das Unternehmen bieten. Erst durch die Zusammenfassung der Daten, die Einbindung in Berechnungen und statistische Auswertungen, deren Interpretation und Kontextualisierung entstehen Informationen. Durch den Vergleich dieser Informationen mit bestehendem Wissen und Erfahrungen wird neues Wissen generiert, das sich in einem weiteren Schritt in der praktischen Anwendung beweisen muss. Es repräsentiert damit die Fähigkeiten, Erfahrungen und Kenntnisse, die Menschen zur Problemlösung einsetzen und basiert im Wesentlichen auf den erworbenen Daten (Thommen et al. 2017, S. 552). Diese so gewonnenen **Insights,** wie das Handlungswissen in der Marktforschung gerne genannt wird, stellen die Spitze der Wissenspyramide dar und damit die Zielstellung

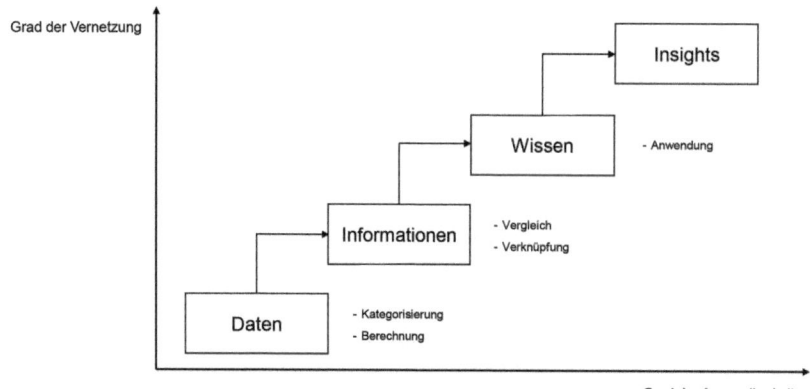

**Abb. 3.1** Von Daten zu Insights (In Anlehnung an die Ausführungen von Rowley 2007, S. 164)

der Marktforschung. Während die Unterstützungsfunktion der KI bei Daten und Informationen hohe Bedeutung hat, leisten auf den höheren Stufen (Wissen und Insight) menschliche Gedanken wertvolle Problemlösungsbeiträge. Die Marktforschung verfolgt damit keinen Selbstzweck. Angelehnt an die Wissenshierarchie nach Rowley lässt sich der Zusammenhang zwischen Daten und Insights für die Marktforschung wie in Abb. 3.1 darstellen (Rowley 2007, S. 164).

## 3.2  Woher kommen die Daten?

Bei der Frage nach der Herkunft der Daten geht es weniger darum, wer die Daten erhebt, als vielmehr um die Frage, welchen Neuigkeitsgrad die Daten besitzen, die zur Erkenntnisgewinnung eingesetzt werden. Man unterscheidet hier traditionell zwischen Primärdaten und Sekundärdaten. Primärdaten bezeichnen alle Daten, die aktuell für das Untersuchungsproblem bzw. die Forschungsfrage erhoben werden – unabhängig davon, ob dies intern oder durch ein externes Marktforschungsinstitut passiert. Die **Primärmarktforschung (Field Research)**, wie sie in diesem Fall auch genannt wird, beschäftigt sich dann mit der originären

Beschaffung und Erhebung von Daten, die nicht bereits anderweitig vorliegen, sondern explizit neu erhoben werden. Der Vorteil liegt auf der Hand: die Daten sind aktuell, sie passen bestens auf das vorliegende Forschungsproblem und ihre Herkunft lässt sich vergleichsweise gut kontrollieren.

Im Gegensatz dazu beschäftigt sich die **Sekundärmarktforschung (Desk Research)** mit der Aufbereitung und Analyse bereits vorliegender Daten, sog. Sekundärdaten. Diese wurden bereits zu einem anderen Zweck und/oder Zeitpunkt erhoben und bieten daher evtl. nur eine eingeschränkte Verwertbarkeit. Im Gegensatz zu der ressourcenintensiven Beschaffung von Primärdaten, sind Sekundärdaten meist schnell verfügbar und das zu vergleichsweise geringen Kosten. Die Quellen der Sekundärmarktforschung sind vielfältig: sie reichen von der einfachen Google- oder KI-Suche bestehender Erkenntnisse und Studien, über die Analyse von Branchendatenbanken bis hin zur Nutzung interner Statistiken. Anbei findet sich eine Auflistung beliebter **Datenbanken** und Internetadressen für die Recherche gesamtwirtschaftlicher Daten:

- Statistisches Bundesamt (www.destatis.de)
- Eurostat – Statistisches Amt der europäischen Union (https://ec.europa.eu/eurostat/de/home)
- Statista – kommerzieller Anbieter für Statistiken der Markt- und Meinungsforschung (https://de.statista.com/)
- Google Trends (https://trends.google.de)

Hinzu kommen die branchenbezogenen Informationsquellen für Sekundärdaten, wie z. B. Branchenverbände oder die IHK und unternehmensinterne Datenbanken. Auch bereits zu einem früheren Zeitpunkt eigens durchgeführte Studien zu einem anderen Untersuchungszweck können für aktuelle Fragen herangezogen werden und sind damit Sekundärquellen.

> Wenn Sie Daten benötigen, aus denen Sie Rückschlüsse auf Ihren Marketingmix oder die Kundenzufriedenheit ziehen können, bieten allgemein verfügbare Quellen meist keine passenden Informationen. Ein Rückgriff auf Primärdaten ist daher unerlässlich.

Die Unterscheidung zwischen Primär- und Sekundärmarktforschung hat sich in der Wissenschaft und Praxis lange gehalten und wird auch heute noch gerne in der Marktforschung zugrunde gelegt. Die Verfügbarkeit digitaler Datenquellen führt zu einem automatischen Entstehen von Daten. Diese sogenannten **Big Data** übersteigen konventionelle Datenbanksysteme im Hinblick auf das Datenvolumen, die Veränderungsgeschwindigkeit der Daten und deren Vielfalt (Binder und Weber 2015, S. 32). Darunter fallen beispielsweise Trackingdaten, die über die eigene Firmenhomepage erhoben werden, Bewegungsdaten über die Kunden im eigenen Onlineshop, Geo-Daten von Nutzern der Firmen-App bis hin zu Einträgen in Internetforen und sozialen Medien (Meffert et al. 2024). Diese Datenquellen produzieren zwar Sekundärdaten, sie sind im Gegensatz zu den oben erläuterten Datenquellen aber wesentlich aktueller und auf das Unternehmen zugeschnitten. Aus diesem Grund wird die kategorische Einteilung von Primär- und Sekundärmarktforschung in der Unternehmenspraxis häufig zugunsten eines kombinierten Einsatzes unterschiedlicher Ansätze aufgelöst.

## 3.3  Lassen sich die Daten quantifizieren?

Marktforschungsmethoden lassen sich danach unterscheiden, welche Art von Daten erhoben werden – ob diese Daten quantifizierbar sind oder nicht. Lassen sich die Daten quantifizieren und damit in der Auswertung durch statistische Verfahren in Informationen verwandeln, dann spricht man von quantitativen Daten. Die dazugehörige Marktforschung wird als **quantitative Marktforschung** bezeichnet. Ein Beispiel ist die Abfrage der Bewertung eines Produktes von 1 (sehr gut) bis 5 (mangelhaft).

Sind die erhobenen Daten allerdings qualitativer und damit nicht-numerischer Natur, müssen diese zunächst inhaltlich strukturiert und interpretiert werden, um Wissen zu erlangen. Werden vordergründig qualitative Daten erhoben, so spricht man von **qualitativer Marktforschung**. Diese Bezeichnung ist kein Indiz dafür, dass es sich bei qualitativer Marktforschung zwingend um die qualitativ bessere Forschung handelt – alleinig die gewonnen Daten sind hier Namensgeber.

Beispielhaft sei die Bitte an einen Kunden erwähnt, er möge die Vor-
und Nachteile eines Produktes frei mit seinen eigenen Worten beschreiben.

Der Eindruck mag täuschen, dass die zugrunde liegenden Daten der
alleinige Unterschied zwischen qualitativer und quantitativer Marktforschung sind. Die Kennzeichnung qualitativer und quantitativer For-
schungsansätze hat weitreichende Auswirkungen auf die einzusetzende
Methodik und den damit erzielbaren Erkenntnisgewinn.

Tab. 3.1 gibt einen Überblick über die wesentlichen Unterschiede
zwischen beiden Forschungsansätzen.

Die Unterscheidung zwischen qualitativer und quantitativer Marktforschung verleitet schnell zum Eindruck, sich zwischen beiden Ansät-
zen entscheiden zu müssen. In der unternehmerischen Praxis hat sich
ein kombinierter Ansatz als durchaus gewinnbringend erwiesen. Der
Einbezug qualitativer Elemente, wie offene Fragestellungen, Diskussi-
onsmöglichkeiten und Beobachtungen verhelfen dem Unternehmen zu
tiefgreifenden Einblicken in die Motivationsstruktur der Kunden, die
eine quantitative Untersuchung alleinig nicht zu Tage befördert. Die
mangelnde Repräsentativität qualitativer Untersuchungen wird diesem
Ansatz häufig zur Schwäche ausgelegt, obwohl diese gar nicht angestrebt
wird. In der Praxis ist es daher ratsam im Nachgang eine quantitative
und damit großzahlige Untersuchung einzuplanen, um zuverlässige Ergebnisse zu erhalten.

> Je unstrukturierter ein Marktforschungsproblem ist, je weniger Informa-
> tionen bereits vorliegen, umso mehr qualitative Elemente sollten in die
> Marktforschungsstudie aufgenommen werden.

In der Kombination aus Primär- und Sekundärdaten und qualitativen
und quantitativen Daten ergibt sich ein umfangreiches Methodenspek-
trum zur Erhebung eben dieser Daten. Abb. 3.2 ist nicht erschöpfend.
Sie stellt im Bereich der Primärmarktforschung die gängigen und häufig
verwendeten Instrumente der betrieblichen Marktforschung dar, sowohl
zur Generierung qualitativer wie auch quantitativer Daten. Qualitative

Tab. 3.1 Qualitative und quantitative Marktforschung im Vergleich (In Anlehnung an die Ausführungen von Kreis et al. 2024, S. 40–42)

| | Qualitative Marktforschung | Quantitative Marktforschung |
|---|---|---|
| *Ausgangspunkt* | • Wenig Vorwissen<br>• unstrukturiertes Forschungsproblem | • Vorwissen in Form von Vergleichsstudien etc. liegt vor<br>• strukturiertes Forschungsproblem |
| *Erkenntnisziel* | • Erlangung eines tiefgreifenden Verständnisses von Motiven<br>• Aufdeckung von Trends, latenten Bedürfnissen und Gründen<br>• Ideengenerierung<br>=> Interpretation & Erklärung | • Quantifizierung und Generalisierung von Erkenntnissen<br>• Beschreibung eines Untersuchungsproblems<br>• Erkennen von Zusammenhängen<br>=> Beschreibung & Erklärung |
| *Beispielhafte Fragen* | • Warum kaufen unsere Kunden das Produkt nicht mehr?<br>• Warum sind unsere Kunden nicht mehr zufrieden?<br>• Was wünschen sich unsere Kunden von uns?<br>• Welche Assoziationen haben unsere Kunden mit der neuen Werbekampagne? | • Wann und wie häufig kaufen unsere Kunden unser Produkt?<br>• Wie zufrieden sind unsere Kunden und wie groß ist der Anteil (un-)zufriedener Kunden?<br>- Wie hoch ist die Nachfrage nach dem neuen Produkt?<br>• Wie hoch ist der Bekanntheitsgrad nach der Werbekampagne? |
| *Stichprobengröße* | Kleine Stichproben sind ausreichend, da keine Repräsentativität angestrebt wird | Große Stichproben sind erforderlich, um ein realistisches Bild von der Grundgesamtheit zu erhalten |
| *Datenerhebung* | Offene, halb-strukturierte Verfahren mit offenen Fragen in alltagsnahen Situationen | Strukturiertes und standardisiertes Verfahren mit größtenteils vorformulierten Antwortoptionen, um die Vergleichbarkeit der Daten zu gewährleisten |

(Fortsetzung)

**Tab. 3.1** (Fortsetzung)

|  | Qualitative Marktforschung | Quantitative Marktforschung |
|---|---|---|
| *Datenauswertung* | Beschreibende Auswertung i.S.v. Kategorisierung, Interpretation von Aussagen und Beobachtungen | Statistische Auswertung i.S.v. Auszählungen, Durchschnitten Wahrscheinlichkeiten, Häufigkeiten etc. |
| *Ergebnis* | Explorative Ergebnisse, die ein grundlegendes Verständnis der Teilnehmer ermöglichen und häufig Ausgangspunkt für quantitative Untersuchungen sind | Generalisierbare Ergebnisse, die häufig als Grundlage für Entscheidung zur Fortführung von Marketingmaßnahmen genutzt werden |

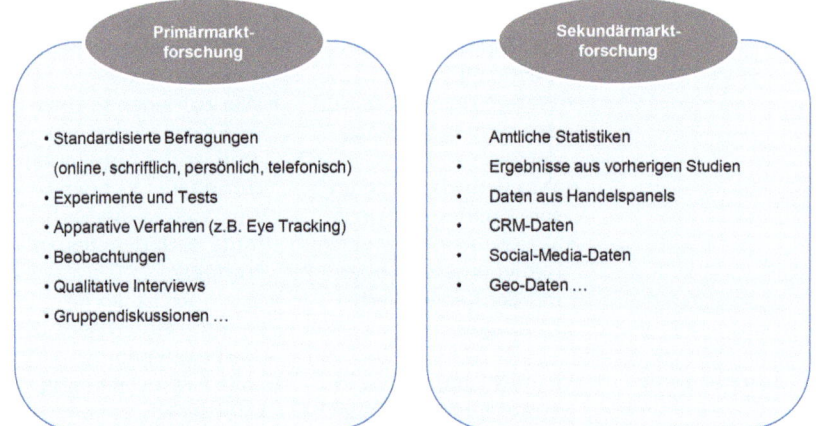

**Abb. 3.2** Spektrum der Marktforschungsmethoden

Daten weisen in der Erhebung zunächst einen geringeren Strukturierungsgrad auf. Im Bereich der Sekundärmarktforschung stehen in der Darstellung die Datenquellen im Vordergrund, die sich hinsichtlich ihres Strukturierungsgrades unterscheiden.

## 3.4    Sind die Daten zeitpunktbezogen?

Daten lassen sich danach unterscheiden, ob sich diese auf einen Zeitpunkt oder einen Zeitraum beziehen. Zeitpunktbezogene Daten bilden
die Grundlage einer sog. **Querschnittsuntersuchung**, deren Ziel es
ist, den Status Quo abzubilden. Diese Daten werden in der Praxis allein aufgrund der Machbarkeit nicht an einem Tag, sondern häufig über
einen Zeitraum von Tagen oder gar Wochen erhoben. Jeder Proband
wird aber nur einmal gefragt und nach seiner derzeitigen Einschätzung
zum Untersuchungsgegenstand gebeten. Die Querschnittsuntersuchung
eignet sich, um (Kreis et al. 2024, S. 43):

- Aktuelle Ausprägungen zu erheben (z. B. Zufriedenheit der Kunden,
  Marktanteile, Bekanntheitswerte etc.).
- Gruppen von Teilnehmern zu vergleichen (z. B. Nicht-Kunden und
  Kunden).
- Zusammenhänge zwischen Variablen zu erkennen (z. B. Zusammen-
  hang zwischen der Zufriedenheit und der Wiederkaufwahrscheinlich-
  keit).

Werden Daten zu verschiedenen Zeitpunkten über einen definierten
Zeitraum hinweg erhoben mit dem Ziel, eine Entwicklung nachzuvollziehen, spricht man von **Längsschnittuntersuchungen**. Es geht hier
also nicht nur darum festzustellen, wie eine Variable, z. B. die Kundenzufriedenheit, ausgeprägt ist, sondern wie sie sich im Laufe der Zeit verändert. Daran lässt sich unter anderem erkennen, ob eine Änderung im
Marketing-Mix einen Einfluss auf den Kunden hatte und wie groß dieser Einfluss war. In der Marktforschungspraxis hat sich hierfür der Begriff des **Panels** etabliert. Gemeint ist eine Längsschnittstudie mit einer
konstant zusammengesetzten und gleichbleibenden Teilnehmergruppe
zu einem kontinuierlichen Thema. Dies bedeutet, den gleichen Teilnehmern werden in bestimmten Abständen immer die gleichen Fragen
gestellt. Solche Paneldaten liegen meist als Sekundärdaten – vor allem
in Form von Handelspanel – vor und können von großen Marktforschungsinstituten bezogen werden. Der Aufbau eines eigenen Panels ist

möglich, findet sich in der Praxis insbesondere bei KMUs aus Kostengründen jedoch nur selten. Die Längsschnittanalyse eignet sich, um:

- Veränderungen von Variablen über die Zeit hinweg zu erkennen
  (z. B. Veränderung der Kundenzufriedenheit).
- Wirkung von Maßnahmen über die Zeit hinweg zu erkennen (z. B.
  Veränderung der Zufriedenheit nach der Preissenkung).
- Zusammenhänge zwischen Variablen über die Zeit hinweg zu erkennen (z. B. Zusammenhang zwischen der Zufriedenheit und dem tatsächlichen Kaufverhalten).

## 3.5    Wer soll die Marktforschung übernehmen?

Die Entscheidung für oder gegen einen externen Marktforschungsdienstleister wird im Wesentlichen bestimmt von der Größe des Unternehmens, der Branche wie auch den personellen und finanziellen Ressourcen. Entscheidet sich ein Unternehmen dazu, die Studie selber zu
planen und durchzuführen, spricht man von **Eigenmarktforschung.**
Diese wird dann oft von der Marketing- oder Kommunikationsabtei-
lung des Unternehmens durchgeführt. In KMUs sind diese Bereiche
personell meist nur mit wenigen Personen besetzt. Es bietet sich daher
auch an, etwaige Analysen von einer Stabstelle oder einem abteilungs-
übergreifenden Team verantworten zu lassen. Für die Eigenmarktforschung sprechen die folgenden Argumente:

- Unternehmensinternes Know-how, das für die Durchführung strate-
  gisch relevanter Studien wichtig ist, ist vorhanden
- Schnellere Reaktionsmöglichkeit
- Bessere Kontrolle der Marktforschungsaktivitäten, gerade bei sensiblen Themen

Schwierig erweist sich die Eigenmarktforschung bei Studien, an deren
Ergebnissen die Mitarbeiter ein besonderes Interesse haben, was einer
objektiven Durchführung und Auswertung entgegenstehen könnte

(Steffen und Doppler 2019, S. 13). Ebenfalls ungeeignet ist die Eigenmarktforschung, wenn spezielle Marktforschungsinstrumente zum Einsatz kommen sollen, die entsprechendes Equipment (z. B. Experimente, Eye Tracking) oder einen nicht zu erreichenden Probandenpool (z. B. Panel) benötigen. Gut geeignet hingegen sind quantitative Onlineumfragen genauso wie qualitative Fokusgruppen, die in diesem Buch eine besondere Würdigung erfahren. Der Einsatz von KI fördert durch seine zahlreichen Möglichkeiten der Unterstützung die Eigenmarktforschung.

Fehlen intern die personellen Ressourcen und das Wissen für die Durchführung von Studien, dann sollte sich das Unternehmen für die **Fremdmarkforschung** entscheiden und alle oder einige Schritte des Markforschungsprozesses ( Abschn. 5.4) in die Hände eines externen Anbieters geben. Die Bandbreite an Marktforschungsdienstleistern ist groß und reicht von kleinen spezialisierten Instituten (mit speziellen Branchen- oder Methodenfokus) bis hin zu den großen bekannten Allround-Instituten. Für die Fremdmarktforschung sprechen die folgenden Argumente:

- Breite und tiefgreifende Methodenkenntnis
- Objektivität in der Erhebung und Auswertung der Daten
- Vertraglich fixierte Rahmenbedingungen inkl. Fristen

Die Abwägung zwischen der Eigen- und Fremdmarktforschung sollte kontinuierlich geschehen (siehe dazu auch Abb. 3.3). Plant das Unternehmen regelmäßige und gleichartige Untersuchungen durchzuführen, sollte die Etablierung einer entsprechenden Stelle im Unternehmen in Erwägung gezogen werden, sofern die Kosten für die externe Vergabe die Personalkosten übersteigen.

> Je kontinuierlicher und je wichtiger die Ergebnisse der Marktforschung für die strategische Weiterentwicklung und den eigenen Unternehmenserfolg sind, desto eher sollte diese Studie intern verantwortet und durchgeführt werden. Bei einmaligen und speziellen Untersuchungen, die ein breites Methodenwissen erfordern, ist ein externer Anbieter eine gute Wahl.

1. Prüfung der Voraussetzungen für Make-or-Buy

2. Kriterienbezogener Vergleich der Make-or-Buy Alternativen

- (strategischer) Stellenwert der Marktforschung im Unternehmen

- Verhältnis des Marktforschungsumfangs zu den aktuellen bzw. ggf. aufzubauenden
  Kapazitäten

- Die quantitative Schwankung der Marktforschungsaktivitäten

- Die eigene/fremde Kostenstruktur

- Das Verhältnis von Angebot und Nachfrage auf dem Markt für
  Marktforschungsleistungen

3. Konstruktion und Analyse möglicher Hybridformen

**Abb. 3.3**   Marktforschung – Make-or-Buy?

## 3.6   Möglichkeiten und Grenzen von KI-gestützter Marktforschung

Künstliche Intelligenz bietet Marktforschenden zahlreiche neue Chancen und erweitert das Spektrum an Methoden und Werkzeugen beträchtlich. Gleichzeitig gilt es, deren Grenzen und Herausforderungen realistisch einzuschätzen, um KI optimal einsetzen zu können. Im Folgenden werden Möglichkeiten und Grenzen zunächst allgemein dargelegt. Im Speziellen wird darauf näher in den einzelnen Kapiteln im Rahmen der Praxisbeispiele mit der Anwendung von ChatGPT eingegangen.

**Möglichkeiten der KI-gestützten Marktforschung**
Eine zentrale Stärke der KI liegt in der Fähigkeit, **große und heterogene Datenmengen** zu verarbeiten. So können beispielsweise Muster erkannt werden, die für den Menschen nicht offensichtlich sind. KI

ermöglicht somit detaillierte Einblicke in Kundenbedürfnisse und Verhaltensweisen, indem sie sowohl strukturierte Daten (z. B. Verkaufszahlen, demographische Daten) als auch unstrukturierte Daten (z. B. Social-Media-Beiträge, Kundenrezensionen) analysiert und interpretiert. Weiterhin erlaubt KI eine deutlich **schnellere Datenverarbeitung** und Echtzeitanalyse, was insbesondere im schnelllebigen Marktumfeld von Vorteil ist. Predictive Analytics, basierend auf KI, ermöglicht es Unternehmen, Trends vorherzusagen und auf Veränderungen schneller zu reagieren. Ferner können KI-gestützte Chatbots und virtuelle Assistenten eine effiziente Kundeninteraktion und Datenerhebung ermöglichen, wodurch Ressourcen geschont werden und gleichzeitig Datenqualität und -umfang verbessert werden (Dell'Acqua et al., 2023).

**Grenzen und Herausforderungen beim Einsatz von KI**
Trotz der erheblichen Vorteile birgt der Einsatz von KI auch Herausforderungen. Ein zentraler Punkt betrifft die **Qualität der Daten**: KI-Modelle sind nur so gut wie die Daten, mit denen sie trainiert wurden. Im Rahmen der Nutzung von LLMs ist hier immer wieder von Halluzinationen, also erfundenen Informationen von Sprachmodellen zu lesen, die durch statistisch ermittelte Muster von Trainingsdaten und nicht auf Basis von tatsächlichem Wissen entstehen können. Basieren Datenanalysen aber alleinig auf den eigenen Daten, sind solche Halluzinationen nahezu ausgeschlossen (Kuckartz & Rädiker, 2024).

Ein weiterer wichtiger Aspekt betrifft **ethische und datenschutzrechtliche Fragen** ( Kap. 4). KI-Modelle arbeiten oft mit personenbezogenen Daten, wodurch Compliance mit Datenschutzvorgaben (z. B. DSGVO) zwingend erforderlich ist. Zudem werfen KI-Systeme ethische Fragen auf, etwa bei der Transparenz automatisierter Entscheidungsprozesse oder der möglichen Diskriminierung durch algorithmische Verzerrungen (Floridi et al., 2018).

Zusammenfassend zeigt sich, dass KI in der Marktforschung ein enormes Potenzial bietet, gleichzeitig aber mit Bedacht und Verantwortung eingesetzt werden muss. Für mittelständische Unternehmen bedeutet dies, einerseits von den neuen Möglichkeiten zu profitieren, andererseits aber auch die bestehenden Grenzen und Herausforderungen aktiv zu managen.

---

**Ihr Transfer in die Praxis**

- Verschaffen Sie sich einen Überblick über die Daten, die in Ihrem Unternehmen bereits vorliegen, z. B. in Form vorliegender Umfragedaten, Berichte des Vertriebs, Statistiken von Berufsverbänden oder Kennzahlen des Controllings.
- Sofern Ihr Informationsinteresse über vorhandene Sekundärdaten hinausgeht, wägen Sie ab, ob Sie eher qualitative oder quantitative Daten erheben wollen oder vielleicht sogar beides.
- Überlegen Sie, welche Teile des Marktforschungsprozesses Sie selber durchführen können und wollen und welche Sie an einen externen Dienstleister geben möchten.

---

# Literatur

Binder, J. & Weber, F. (2015): Data Experience – Marktforschung in den Zeiten von Big Data. In: Marketing Review St. Gallen, 32 (2), S. 30–39.

Dell'Acqua, F., McFowland III, E., Mollick, E. R., Lifshitz-Assaf, H., Kellogg, K., Rajendran, S., ... & Lakhani, K. R. (2023). Navigating the jagged technological frontier: Field experimental evidence of the effects of AI on knowledge worker productivity and quality. Harvard Business School Technology & Operations Mgt. Unit Working Paper, (24–013).

Floridi, L., Cowls, J., Beltrametti, M., Chatila, R., Chazerand, P., Dignum, V., ... & Vayena, E. (2018). AI4People – an ethical framework for a good AI society: opportunities, risks, principles, and recommendations. Minds and Machines, 28(4), 689–707.

Kauermann, G. & Küchenhoff, H. (2016): Statistik, Data Science und Big Data. In: AStA Wirtschafts- und Sozialstatistisches Archiv, 10 (2–3), S. 141–150.

Kuckartz, U. & Rädiker, S. (2024): Qualitative Inhaltsanalyse. Methoden, Praxis, Umsetzung mit Software und künstlicher Intelligenz, 6. Auflage, Beltz.

Kreis, H., Wildner, R. & Kuß, A. (2024): Marktforschung – Datenerhebung und Datenanalyse, 8. Aufl., Springer Gabler, Wiesbaden.

Meffert, H., Burmann, C., Kirchgeorg, M. & Eisenbeiß, M. (2024): Informationsgrundlagen des Marketing. In: Marketing – Grundlagen marktorientierter Unternehmensführung, 14. Aufl., Springer Gabler, Wiesbaden, S. 169–246.

Rowley, J. (2007): The wisdom hierarchy: representations of the DIKW hierarchy. In: Journal of Information and Communication Science. 33 (2), S. 163–180.

Steffen, A. & Doppler, S. (2019): Einführung in die Qualitative Marktforschung – Design, Datengewinnung, Datenauswertung, Springer Gabler, Wiesbaden.

Thommen, J.P., Achleitner, A.K., Gilbert D.U., Hachmeister, D. & Kaiser, G. (2017): Wissensmanagement. In: Thommen, J.P., Achleitner, A.K., Gilbert D.U., Hachmeister, D. & Kaiser, G (Hrsg.): Allgemeine Betriebswirtschaftslehre, 8. Aufl., Springer Gabler, Wiesbaden, S. 551–560.

# 4

# Datenschutz und Marktforschungsethik

**Was Sie aus diesem Kapitel mitnehmen**

- Welche Datenschutzstandards sind national und international zu beachten?
- Welche Elemente gehören in eine Einwilligungserklärung für Probanden?
- Welche Leitlinien bestimmen ethisch korrekte Marktforschung?
- Welche datenschutzrechtlichen Besonderheiten ergeben sich beim Einsatz von KI?

Der Schutz personenbezogener Daten und die Einhaltung ethischer Standards spielen in der Marktforschung eine zentrale Rolle. Die fortschreitende Digitalisierung, insbesondere der zunehmende Einsatz von Künstlicher Intelligenz, stellt Marktforschende vor neue Herausforderungen im Umgang mit sensiblen Daten. Der Datenschutz in der Marktforschung dient dem Schutz grundlegender Persönlichkeitsrechte und stärkt das Vertrauen zwischen Befragten und Forschenden (Kreis et al. 2024, S. 335). Darüber hinaus werden Bußgelder und Reputationsschäden für den Forscher und den Auftraggeber vermieden. Ethische

W. Heidig und T. Dobbelstein, *Quick Guide Marktforschung im Mittelstand,* Quick Guide, https://doi.org/10.1007/978-3-658-49205-2_4

Standards sichern die Integrität der Forschungsergebnisse und Ihres Unternehmens. Sie sorgen dafür, dass Marktforschung verantwortungsvoll durchgeführt wird. Dieser Leitfaden liefert eine allgemeine Orientierung zu den Prinzipien des Datenschutzes und der Forschungsethik und gibt Hinweise, wo aktuelle und international relevante Gesetzes- und Verordnungsquellen zu finden sind. Zudem wird aufgezeigt, welche besonderen datenschutzrechtlichen Überlegungen beim Einsatz von KI zu beachten sind.

## 4.1    Internationale Datenschutzstandards

International existieren diverse Datenschutzrichtlinien und -gesetze, deren Einhaltung für Unternehmen und Forschungseinrichtungen unabdingbar ist. Dazu gehören z. B.:

- In der Europäischen Union stellt die Datenschutzgrundverordnung (DSGVO) seit Mai 2018 die wichtigste rechtliche Grundlage dar, die auch international eine Vorbildfunktion besitzt.
- In jedem Land der EU wird die DSGVO zusätzlich durch nationale Gesetzgebungen ergänzt, so z. B. durch das Bundesdatenschutzgesetz (BDSG) in Deutschland, das Datenschutzgesetz (DSG) in Österreich, das Loi Informatique et Libertés in Frankreich oder – außerhalb der EU – das DSG-CH in der Schweiz.
- In den USA gibt es hingegen kein übergreifendes Bundesdatenschutzgesetz, sondern verschiedene sektorspezifische Regelungen, z. B. HIPAA für Gesundheitsdaten oder GLBA für Finanzdaten sowie umfangreichere Datenschutzgesetze auf Ebene einzelner Bundesstaaten – allen voran der California Consumer Privacy Act (CCPA), der 2020 in Kraft trat und 2023 durch den California Privacy Rights Act (CPRA) ergänzt wurde.
- Mit dem Protection of Personal Information Act (POPIA) hat Südafrika am 1. Juli 2020 sein erstes umfassendes Datenschutzgesetz eingeführt, das nach einer einjährigen Übergangsphase seit dem 1. Juli 2021 vollständig gilt und vom sog. Information Regulator überwacht wird.

- In anderen Regionen (z. B. Asien-Pazifik-Raum) existieren ebenfalls vielfältige datenschutzrechtliche Standards (z. B. APPI in Japan oder PDPA in Singapur).

## Hintergrund Information

Wird Marktforschung in einem oder mehreren EU-Mitgliedstaaten unternommen, so gilt die DSGVO (https://datenschutz-grundverordnung.eu). Relevant ist sie allerdings nur bei Befragungen, wenn personenbezogene Daten erhoben werden. Darunter werden alle Informationen verstanden, die „sich auf eine identifizierte oder identifizierbare natürliche Person ... beziehen; als identifizierbar wird eine natürliche Person angesehen, die direkt oder indirekt, insbesondere mittels Zuordnung zu einer Kennung wie einem Namen, zu einer Kennnummer, zu Standortdaten, zu einer Online-Kennung oder zu einem oder mehreren besonderen Merkmalen identifiziert werden kann, ..." (Artikel 4 Ziffer 1 DSGVO). Gängige Beispiele für personenbezogene Daten sind Name, Adresse, Telefonnummer, Alter, Geschlecht, Beruf, Staatsangehörigkeit, Einkommen, IP-Adresse, Besitzverhältnisse (Auto, Haus), Kundennummer, Bestellverhalten usw.). Wenn sicher ausgeschlossen werden kann, dass aufgrund der Antworten und ggf. weiterer Verfahren wie z. B. Identifikation der IP Adresse bei Online-Befragungen eine bestimmte Person identifiziert werden kann, eine Befragung also 100 % anonym ist, greift diese nicht. Der Anwendungsbereich der DSGVO ist jedoch weit gefasst und greift daher bereits bei der Verarbeitung einfachster personenbezogener Daten. Wird z. B. eine Befragung mit Papierfragebogen durchgeführt oder gibt es in einer Online-Befragung ein Feld für die offene Eingabe eines Textes, ist nicht auszuschließen, dass ein Teilnehmer hier ungefragt seinen Namen oder seine Adresse hinterlässt. Pragmatisch empfiehlt es sich daher, bei jeder Befragung eine Einwilligung der Teilnehmer einzuholen

Werden personenbezogen Daten erhoben, ist als wichtigste Aufgabe die **Informationspflicht** zu nennen (Artikel 13 DSGVO). Teilnehmer müssen der Erhebung, Speicherung und Verarbeitung ihrer Daten **aktiv zustimmen**, ein stillschweigendes, implizites Einverständnis ist nicht zulässig. Im Rahmen einer Befragung empfiehlt sich pragmatisch, u. a. folgende Informationen in eine Zustimmungserklärung aufzunehmen:

- Welche/s Unternehmen/Institution führt die Befragung durch und wer ist die datenschutzrechtlich verantwortliche Stelle?
- Zu welchem Zweck werden die Daten erhoben?

- Wie lange werden die Daten gespeichert?
- An wen kann sich der Befragte wenden?
- Information über Freiwilligkeit, das Recht auf Auskunft, Löschung oder Änderung der Daten
- Informationen zu einer evtl. Weitergabe der Daten an Dritte
- Hinweis auf ein Widerrufsrecht, falls eine Einwilligung vorliegt
- Ggf. Informationen über eine Drittlandübermittlung (Datentransfer außerhalb der EU)

**Beispielhaft – ohne jegliche rechtliche Verbindlichkeit und Gewährleistung – sei folgende Einwilligungserklärung auf der ersten Seite einer Onlineumfrage angeführt:**

*Einwilligungserklärung zur Teilnahme an der Gästebefragung gemäß Art. 6 Abs. 1 lit. a DSGVO*

*Herzlichen Dank für Ihre Bereitschaft, an der Gästebefragung des Landkreises Beispiellandkreis teilzunehmen.*

*Zweck der Befragung: Die Erhebung erfolgt zur Verbesserung unseres touristischen Angebots und der allgemeinen Qualität unserer Urlaubsregion.*

*Verantwortlicher: Landkreis Beispiellandkreis, Musterstraße 1, 12.345 Musterstadt*

*Kontaktdaten der Datenschutzbeauftragten: Frau Datenschutz, E-Mail: datenschutz@beispiellandkreis.de.*

*Rechtsgrundlage der Verarbeitung: Die Verarbeitung Ihrer personenbezogenen Daten erfolgt auf Grundlage Ihrer Einwilligung gemäß Art. 6 Abs. 1 lit. a DSGVO.*

*Empfänger der Daten: Es erfolgt keine Weitergabe Ihrer Daten an Dritte.*

*Dauer der Speicherung: Ihre personenbezogenen Daten werden ausschließlich bis zum Abschluss der Auswertung gespeichert, längstens jedoch für einen Zeitraum von XX Monaten.*

*Ihre Rechte: Sie haben das Recht, Auskunft über die bei uns gespeicherten personenbezogenen Daten zu erhalten. Ferner können Sie die Berichtigung, Löschung oder Einschränkung der Verarbeitung Ihrer Daten verlangen sowie Ihre Einwilligung jederzeit mit Wirkung für die Zukunft widerrufen. Außerdem haben Sie das Recht auf Datenübertragbarkeit sowie ein Beschwerderecht bei einer Datenschutzaufsichtsbehörde.*

*Kontakt bei Fragen oder zur Ausübung Ihrer Rechte: Frau Musterfrau, E-Mail: Musterfrau@Beispiellandkreis.de, Tel.: 07.554/98 7 98–40*

*Freiwilligkeit der Teilnahme: Die Teilnahme an der Befragung ist freiwillig. Ihnen entstehen keine Nachteile, wenn Sie nicht teilnehmen oder Ihre Einwilligung widerrufen.*

O *Einwilligung: Mit dem Ausfüllen des Fragebogens willige ich in die Verarbeitung meiner personenbezogenen Daten zu den oben genannten Zwecken ein.*

Über die hier formulierten Hinweise hinaus bieten viele kostenpflichtige Programme für Online-Befragungen, z. B. surveymonkey oder Questback EFS Survey, Hinweise zur DSGVO-konformen Gestaltung von Online-Befragungen bis hin zu einem Datenschutzassistenten an, der bei der Erstellung einer Einwilligungserklärung hilft – zumeist jedoch ohne im Sinne der eigenen Absicherung, rechtliche DSGVO-Konformität zu garantieren. Darüberhinausgehende beispielhafte Muster für Einwilligungserklärungen sowohl für quantitative wie auch qualitative Marktforschungsprojekte finden sich im Internet. An dieser Stelle sei jedoch Achtsamkeit geboten: frei verfügbare Mustervorlagen sollten nur nach individueller Anpassung und Rücksprache mit einem Anwalt genutzt werden.

Werden Marktforschungsstudien in **Zusammenarbeit mit externen Marktforschungsinstituten** durchgeführt, ergeben sich weitere Empfehlungen zur datenschutzkonformen Durchführung. Wenn personenbezogene Daten im Rahmen einer Umfrage verarbeitet werden, sollten KMUs folgende Punkte unbedingt beachten:

*Vertragsverhältnis klären:* In der Regel liegt eine Auftragsverarbeitung nach Art. 28 DSGVO vor. Das bedeutet: Das Institut handelt im Auftrag des Kunden, der die Zwecke und Mittel der Verarbeitung bestimmt. Ein AV-Vertrag ist zwingend erforderlich.

*Keine eigenständige Zweckfestlegung:* Das Institut darf nicht selbst über den Zweck der Umfrage entscheiden, da es sonst zum Mitverantwortlichen wird (Art. 26 DSGVO) oder als eigenständig Verantwortlicher gilt.

*Rechtsgrundlage abstimmen:* Die Verarbeitung muss auf einer gültigen Rechtsgrundlage beruhen – meist ist das die Einwilligung der Teilnehmenden (Art. 6 Abs. 1 lit. a DSGVO), alternativ kann auch ein berechtigtes Interesse des Auftraggebers herangezogen werden.

*Informationspflichten erfüllen:* Die betroffenen Personen müssen gemäß Art. 13/14 DSGVO über Zweck, Empfänger und Speicherdauer informiert werden. Dies sollte durch den Auftraggeber erfolgen, das Institut kann unterstützen.

*Technisch-organisatorische Maßnahmen (TOMs):* Datensicherheit muss gewährleistet und dokumentiert sein. Die entsprechenden Maßnahmen sollten dem Auftraggeber auf Anfrage vorgelegt werden können.

*VVT-Pflicht auch für Auftragsverarbeiter:* Auch das Marktforschungsinstitut muss gemäß Art. 30 Abs. 2 DSGVO ein eigenes Verzeichnis der Verarbeitungstätigkeiten führen – jedoch nur für die Datenverarbeitungen, die es im Auftrag eines Kunden durchführt.

*Datenübermittlungen in Drittländer prüfen:* Falls Tools außerhalb der EU genutzt werden (z. B. US-Software), müssen geeignete Garantien wie Standardvertragsklauseln vorliegen.

Da die rechtliche Lage stark von Land zu Land variieren kann, empfiehlt es sich, regelmäßig Informationen über aktuelle Datenschutzbestimmungen einzuholen. Rechtsnormen und deren Auslegung sind dynamisch und werden durch **laufende Rechtsprechung** sowie Veröffentlichungen der Datenschutzaufsichtsbehörden kontinuierlich weiterentwickelt. Es wird daher empfohlen, sich regelmäßig über aktuelle Interpretationen und Leitlinien der Datenschutzaufsichtsbehörden und einschlägiger Gerichtsurteile zu informieren. Dieser anwendungsorientierte Leitfaden kann keine rechtlich verbindliche Anleitung bieten.

Aktuelle und verlässliche Quellen sind insbesondere:

- Nationale Datenschutzbehörden und deren Webseiten (z. B. ICO in Großbritannien, BfDI und Landesaufsichtsbehörden in Deutschland, CNIL in Frankreich)
- Internationale Organisationen (z. B. ESOMAR, International Association of Privacy Professionals – IAPP)
- Fachportale (z. B. privacyinternational.org, dr-datenschutz.de, iapp.org)

## 4.2   Ethische Leitlinien in der internationalen Marktforschung

Zusätzlich zu gesetzlichen Anforderungen existieren international anerkannte berufsethische Leitlinien, wie etwa der ESOMAR-Code of Conduct, der grundlegende Standards für ethische Marktforschung festlegt (ESOMAR, 2016). Zu diesen Standards gehören insbesondere:

- Transparenz und Aufklärung der Befragten über Zweck und Art der Datennutzung
- Schutz von Anonymität und Vertraulichkeit der Befragten
- Sicherstellung von Qualität und Integrität der erhobenen Daten
- Freiwillige und informierte Einwilligung (Informed Consent)

Vor allem die **Freiwilligkeit** und **informierte Einwilligung** gelten als fundamentale Prinzipien jeglicher Forschungsvorhaben (Kuckartz & Rädiker 2024). Freiwilligkeit bedeutet, dass eine Person nicht durch direkten oder indirekten Druck zur Teilnahme gezwungen werden darf. In der Praxis finden sich hierfür immer wieder Beispiele, die dieses Prinzip verletzten, z. B. bei Mitarbeiterbefragungen. Auch gibt es vereinzelt Unternehmen, die bestimmte Leistungen, etwa eine Kundenkarte, zwingend an die Teilnahme an einer Zufriedenheitsbefragung knüpfen. Dies ist nicht nur ethisch, sondern auch methodisch bedenklich, da die hohe Gefahr verfälschter Antworten besteht. Eng damit verbunden ist die Einwilligung nach erfolgter Information über das Verfahren der Befragung, insbesondere jedoch über evtl. Risiken der Teilnahme. Letzteres ist nur in speziellen Situationen (z. B. bei bestimmten Produkttests) relevant und bei einer üblichen Online-Befragung (z. B. zum Kundenverhalten) sicherlich verzichtbar.

Marktforschende sind angehalten, sich regelmäßig mit diesen Standards vertraut zu machen und entsprechende Schulungen durchzuführen.

## 4.3 Datenschutzrechtliche Besonderheiten beim Einsatz von KI in der Marktforschung

Der Einsatz von KI in der Marktforschung erweitert die Herausforderungen im Bereich Datenschutz und Ethik erheblich. KI-basierte Verfahren (z. B. automatisierte Transkriptionen und Datenanalysen) können in großem Umfang personenbezogene Daten verarbeiten und auswerten. Die Entscheidungsprozesse von generativer KI wie z. B. ChatGPT stellen eine Art Blackbox dar – sie lassen sich kaum nachvollziehen. Deshalb ist beispielsweise nicht eindeutig nachvollziehbar, wie die eingegebenen Daten verarbeitet werden – was im Widerspruch zum Auskunftsrecht nach der DSGVO steht. Daher ist der Einsatz von ChatGPT im Unternehmenskontext bislang nur unter bestimmten Voraussetzungen datenschutzkonform realisierbar (Suske 2025). Eine dieser Voraussetzung betrifft die Anonymisierung von vormals personenbezogenen Daten. Werden die Daten aus der Erhebung vollständig anonymisiert (nicht nur pseudonymisiert), liegen entsprechend der Definition von personenbezogenen Daten (Artikel 4 DSGVO) keine personenbezogenen Daten vor (Kuckartz & Rädiker 2024). Die Anonymisierung der Marktforschungsdaten erscheint vor der Datenanalyse mit KI als durchaus machbar. Bei der Transkription von Audio- und Videodateien ist dies allerdings nicht oder nur unter erheblichem Aufwand möglich. Soll hier also die KI zum Einsatz kommen, so gilt es bei der Wahl des KI-Tools folgendes zu beachten (Kuckart & Rädiker 2024, S. 274 ff.):

***Wo und wie werden die Daten verarbeitet?*** Lokal oder auf externen Servern – und falls Letzteres: befinden sich diese innerhalb der EU oder in Drittländern mit geeigneten Datenschutzregelungen?

***Werden Daten gespeichert und wenn ja, wie lange?*** Erfolgt eine automatische Löschung nach der Verarbeitung oder bleiben Daten erhalten?

***Werden die Daten zum Training der KI genutzt?*** Und wenn ja, ist dies den Teilnehmenden transparent gemacht worden?

***Sind alle Informationen in der Einwilligungserklärung enthalten?*** Forschungsteilnehmende müssen klar und verständlich über Datenverwendung und -speicherung informiert werden.

Neben bestehenden Datenschutzregelungen wie der DSGVO rückt zunehmend auch die Regulierung von Künstlicher Intelligenz selbst in den Fokus. Mit dem **EU AI Act** (EU-Verordnung über Künstliche Intelligenz) schafft die Europäische Union einen einheitlichen Rechtsrahmen für den Einsatz von KI-Systemen – insbesondere dort, wo potenzielle Risiken für Grundrechte, Sicherheit und Datenschutz bestehen (https://artificialintelligenceact.eu/de/). Die EU-KI-Verordnung wurde im März 2024 beschlossen und tritt im Laufe des Jahres 2025 schrittweise in Kraft.

Unternehmen, die Marktforschung betreiben sind von der EU-KI-Verordnung betroffen, sobald sie KI-Systeme einsetzen, die automatisierte Bewertungen, Analysen oder Vorhersagen über Personen treffen. Das betrifft z. B.:

- automatisierte Auswertung von Freitextantworten mittels Natural Language Processing
- Sentiment-Analyse oder Emotionserkennung
- automatisierte Einstufungen von Kundentypen oder Risikoprofilen
- generative KI-Tools (z. B. Chatbots oder Texterzeugung)

Die wichtigsten Pflichten sind dann:

- Transparenz: Wenn eine KI beteiligt ist, müssen Befragte darüber klar informiert werden – z. B. bei Chatbots, automatisierten Textanalysen oder Emotionserkennung. Beispiel: „Ihre Antworten werden teilweise automatisiert durch ein KI-System ausgewertet."
- Risikobewertung & Kontrolle: Bei hochrisikobehafteten Anwendungen (z. B. Systeme, die Menschen bewerten oder Entscheidungen vorbereiten) gelten umfangreiche Pflichten (Dokumentation der Datenqualität, menschliche Aufsicht und Eingriffsmöglichkeiten, Protokollierung und technische Sicherheit)

Sobald KI-Systeme in der Marktforschung mehr tun als nur Hilfsfunktionen übernehmen, etwa automatisiert Daten analysieren oder Teilnehmer klassifizieren, greift die KI-Verordnung – mit Informations-, Prüf- und Dokumentationspflichten. Die Verordnung sieht jedoch ausdrücklich Erleichterungen und Unterstützungsangebote für KMU vor.

---

**Ihr Transfer in die Praxis**

- Binden Sie den Datenschutzbeauftragten Ihres Unternehmens frühzeitig in das Marktforschungsprojekt mit ein oder holen Sie sich Unterstützung bei der IHK.
- Informieren Sie sich kontinuierlich über aktuelle nationale und internationale Datenschutzrichtlinien.
- Gestalten Sie KI-Anwendungen transparent, um Vertrauen bei Befragten und Stakeholdern sicherzustellen

---

# Literatur

Esomar (2016): ICC/ESOMAR internationaler Kodex zur Markt-, Meinungs- und Sozialforschung sowie zur Datenanalytik. Abrufbar unter: https://www.esomar.org/uploads/public/knowledge-and-standards/codes-and-guidelines/ICCESOMAR_Code_German_.pdf (Zugegriffen am: 02. September 2025).

Kreis, H., Wildner, R. & Kuß, A. (2024): Marktforschung – Datenerhebung und Datenanalyse, 8. Aufl., Springer Gabler, Wiesbaden.

Kuckartz, U. & Rädiker, S. (2024): Qualitative Inhaltsanalyse. Methoden, Praxis, Umsetzung mit Software und künstlicher Intelligenz, 6. Auflage, Beltz.

Suske (2025): Kann ich ChatGPT datenschutzkonform in meinem Unternehmen einsetzen? Abrufbar unter: https://www.e-recht24.de/ki/13409-chatgpt-datenschutz.html (Zugegriffen am: 14.05.2025)

# 5

# Von der Forschungsfrage zum Marktforschungsprojekt

**Was Sie aus diesem Kapitel mitnehmen**

- Was sind typische Fragen der Marktforschung?
- Wie stelle ich die richtigen Fragen?
- Warum ist ein wenig Methodenwissen sinnvoll?
- Welches Hintergrundwissen zum analysierten Thema, z. B. Kundenzufriedenheit, ist erforderlich und wie wende ich dies praktisch richtig an?
- Wie sieht der Gesamtprozess der Marktforschung aus – von der richtigen Frage bis zu den Ergebnissen?
- Wie kann KI bei der Konzeption einer Marktforschung unterstützen?

Am Anfang jeder Marktforschung steht eine Frage, ein Erkenntnisinteresse. Ihre richtige Formulierung ist dabei alles andere als trivial. Übergeordnetes Ziel dieser Frage ist zumeist eine Steigerung von Kundenanzahl, Umsatz oder Ertrag. Typische Fragen, die im Kontext der Erfolgssteigerung immer wieder in Unternehmen auftreten und ihren Erfolg durchaus maßgeblich beeinflussen, sind:

- Wie zufrieden sind meine Kunden und was ist zu tun, um die Kundenzufriedenheit zu steigern, bestehende Kunden zu binden und neue Kunden zu überzeugen?
- Wie sieht die Customer Journey aus? Welche Berührungspunkte haben aktuelle und potentielle zukünftige Kunden mit meinem Unternehmen? Wie ist der Sales Funnel gestaltet – von der Bekanntheit eines Produktes, die Erwägung eines Kaufes, das Präferieren eines bestimmten Produktes bis zum Kauf und ggf. bis zur Weiterempfehlung und zum Wiederholungskauf?
- Welches Potential hat ein Produkt auf dem Markt? Welches sind die Kernzielgruppen? Wie hoch ist ihr Bedarf? Mit wem stehe ich in Konkurrenz?
- Mit welcher inhaltlichen wie emotionalen Botschaft spreche ich potentielle Kunden am besten an?
- Welches Image hat mein Unternehmen, meine Produkte, meine Marke bei tatsächlichen wie potentiellen Kunden?
- Aus welchen Gründen kaufen Kunden meine Produkte, aus welchen Gründen aber auch nicht?
- Welche Marketingmaßnahmen und Kanäle sind am besten geeignet, tatsächliche und potentielle Kunden anzusprechen?
- Haben unterschiedliche Kundengruppen unterschiedliche Anforderungen an meine Produkte? Wie bzw. mit Hilfe welcher Kriterien kann die Gesamtheit aller Kunden sinnvoll differenziert werden?

Die ersten beiden Fragestellungen – Kundenzufriedenheit und Sales Funnel innerhalb der Customer Journey – werden in den methodischen Kapiteln immer wieder als Beispiele herangezogen.

> Die Qualität einer Marktforschung wächst deutlich mit dem grundlegenden Verständnis des Analysegegenstandes.

Die Beispielthemen werden im Abschn. 5.2 (Kundenzufriedenheit) und im Abschn. 5.3 (Sales Funnel in der Customer Journey) behandelt. Warum ein solches Basiswissen erforderlich ist und wie Sie geeignete zielführende Fragen formulieren, erfahren Sie davor im folgenden Kapitel.

# 5.1 Fünf Eigenschaften einer guten Forschungsfrage

Bevor Sie mit der eigentlichen Marktforschung beginnen, sollten Sie sich Klarheit über Ihr Ziel und die Ausgangslage verschaffen. Fragen Sie sich zu Beginn einer jeden Marktforschung zunächst:

- **Was will ich wissen?**
- **Warum will ich es wissen?**
- **Welchen Nutzen bringt es dem Unternehmen?**
- **Wie genau und zuverlässig sollen die Ergebnisse sein?**
- **Welche Informationen sind evtl. schon vorhanden, welche neu zu erheben?**

Die fünf wesentlichen Eigenschaften einer guten (im Sinne von nützlichen) Marktforschungsfrage, werden im Folgenden an einem häufigen Anwendungsgebiet – der Kundenzufriedenheitsanalyse – verdeutlicht.

Von Interesse ist die Kundenzufriedenheit. Es ist zu überlegen, **was** darunter zu verstehen ist. Eine gängige Definition basiert auf dem sogenannten Confirmation/Disconfirmation – Paradigma. Dieses besagt im Kern, dass ein Kunde eine bestimmte Erwartung hat; wird diese erfüllt, ist er zufrieden, wird sie nicht erfüllt, ist er unzufrieden. Die Zufriedenheit mit ein und derselben Leistung kann somit in Abhängigkeit der Erwartung beim Kunden A zu Zufriedenheit und beim Kunden B zu Unzufriedenheit führen. Ein Kunde, welcher mit viel Wissen und einer hohen Erwartungshaltung an die Beratung eines Fachverkäufers im Einzelhandel ein Geschäft betritt, wird mit einer mittelprächtigen Beratung eines Verkäufers unzufrieden sein. Ein Kunde mit weniger Wissen und geringerer Erwartung kann hingegen mit derselben mittelmäßigen Beratung sehr zufrieden sein.

Als zweites stellt sich die Frage, **warum** soll die Kundenzufriedenheit analysiert werden. Wozu dienen die Ergebnisse? Werden diese z. B. für eine Werbeanzeige wie „Musterunternehmen XY – 95 % zufriedene Kunden" verwendet, ist die erforderliche Methode der Kundenzufriedenheitsmessung eine vollkommen andere, als wenn die Ergebnisse zur detaillierten Identifikation von Verbesserungsmaßnahmen zur Steigerung der Kundenzufriedenheit dienen (siehe dazu ausführlich Abschn. 5.2). Überlegen Sie im Vorfeld auch genau, welche Konsequenzen eine Information hat. Hat eine Information keine Konsequenzen, so braucht sie im Rahmen der Marktforschung auch nicht erhoben zu werden. Ist es für Ihr Unternehmen beispielsweise gänzlich ausgeschlossen, den Unternehmenssitz zu verlagern, so ist es sinnlos nach der Zufriedenheit Ihrer Kunden mit dem Unternehmensstandort zu fragen, da auch bei hoher Unzufriedenheit keine Verlagerung erfolgen würde.

Auch die Marktforschung folgt dem üblichen **Kosten-Nutzen-Vergleich**. Dabei sind die Kosten zumeist ohne größeren Aufwand zu schätzen. Wird ein Institut beauftragt, so liegen Angebote vor. Wird die Marktforschung intern durchgeführt, so ergeben sich die Kosten nach den üblichen Stundenverrechnungssätzen plus evtl. externer Kosten, z. B. für eine Online-Befragungssoftware. Etwas schwieriger ist es mit dem Nutzen. Dies ist dadurch begründet, dass die Ergebnisse vor Abschluss der Marktforschung natürlich nicht bekannt sind. Sind die Ergebnisse nicht bekannt, können somit auch noch keine Annahmen über erforderliche Maßnahmen und deren Wirkung getroffen werden. So kann etwa das Ergebnis einer Kundenzufriedenheitsanalyse einerseits sein, dass alle Kunden nahezu vollkommen zufrieden sind und es keine Notwendigkeit zu Veränderungen gibt. Wird nichts verändert, so werden sich auch – unter ansonsten ebenfalls gleichbleibenden Bedingungen – Kundenanzahl, Umsatz und Ertrag nicht verändern. Andererseits kann das Ergebnis auch klare Defizite und Unzufriedenheit zutage fördern, deren Behebung zu einer Steigerung von Umsatz und Ertrag führt. Der Nutzen kann somit im Vorfeld zumeist nicht genau bestimmt werden, seine grobe Abschätzung ist jedoch erforderlich, um über die Sinnhaftigkeit einer Marktforschung zu entscheiden (Abb. 5.1).

Die **Zuverlässigkeit** der Ergebnisse eröffnet ein breites Spektrum zwischen einem ersten groben Einblick in den Analysegegenstand – hier die Kundenzufriedenheit – und streng repräsentativen Ergebnissen für die Gesamtheit der Kunden. Repräsentativ bedeutet, dass von einer Stichprobe zuverlässig und mit einer vorgegebenen Genauigkeit auf die Grundgesamtheit geschlossen werden kann (Kap. 6). Die Entscheidung

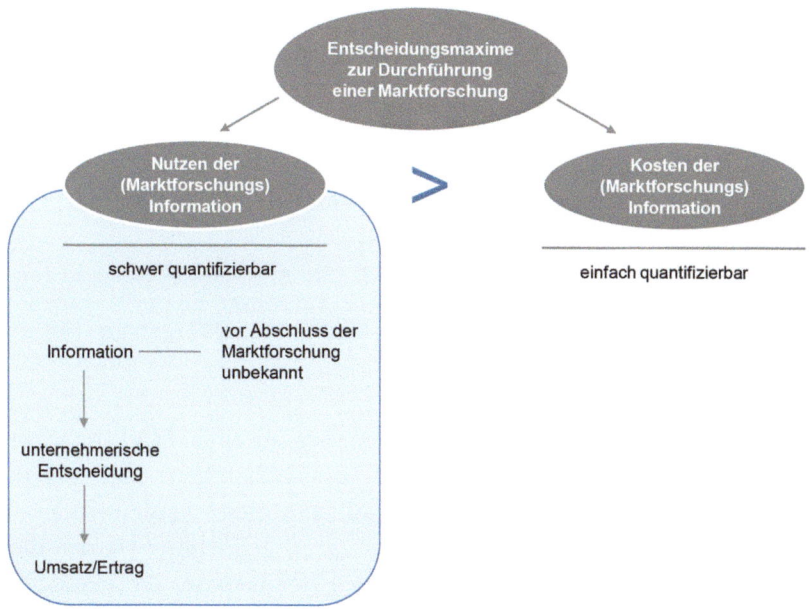

**Abb. 5.1** Abwägung des Kosten-Nutzen-Verhältnisses einer Marktforschung

über das Anspruchsniveau wird neben dem Kosten-Nutzen-Verhältnis auch vom bestehenden Vorwissen beeinflusst. Besteht nahezu keine Vermutung, warum z. B. Umsätze deutlich zurückgehen und ob bzw. in welchem Ausmaß die Kundenunzufriedenheit ein Auslöser dafür sein könnte, empfehlen sich zunächst preiswertere, grobe, qualitative Analysen potentieller Ursachen. Liegen hingegen schon gefestigte Vermutungen über Ursachen vor und ist das Ziel, deren konkrete und genaue Bedeutung zu ermitteln, bietet sich eine repräsentative Analyse für alle Kunden oder definierte Kundengruppen an. Selbstverständlich existieren diesbezüglich zahlreiche Zwischenstufen.

Bereits **vorhandene Informationen** helfen, den Marktforschungsprozess schon im Vorfeld gezielt und effizient zu strukturieren. Die Quellen solcher Informationen können bei der Kundenzufriedenheit mannigfaltig sein, z. B. von Beschwerden und Reklamationen über

Kommentare in sozialen Medien, evtl. verfügbare öffentliche Kunden-zufriedenheitsbarometer, Informationen in der eigenen Kundendaten-bank oder Rückmeldungen an Außendienstler oder Verkaufspersonal im Handel. Zeichnen sich hier Schwerpunkte ab, so kann die Stufe einer explorativen, groben Analyse ggf. übersprungen und direkt eine gezielte (teil)repräsentative Befragung gestartet werden.

> Ohne Ziel ist auch der Weg egal – dies gilt in hohem Maße auch für Marktforschungsprojekte. Sind Ziel, Zweck und Nutzen für das Unternehmen nicht klar formuliert, besteht ein hohes Risiko, dass Ergebnisse diffus und wenig nützlich sind.

Warum ist es erforderlich, sich vor dem Beginn einer Marktforschung mit den methodischen Hintergründen zu beschäftigen? Das folgende – nicht ganz ernst gemeinte – Beispiel mag dieses verdeutlichen. In einem Seminar zur Marktforschung mit ca. 20 Teilnehmer werden diese gefragt, wer verheiratet sei. Es heben ca. 15 Teilnehmer die Hand. Anschließend wird gefragt, wer eine Brille trage. Wieder heben ca. 15 Teilnehmer die Hand. Die Gruppe der Brillenträger zeigt eine große Überschneidung mit der der Verheirateten. Damit ist eindeutig bewiesen: Liebe macht blind!

Welche methodischen Fehler werden begangen? Warum ist diese Schlussfolgerung nicht zulässig? Abb. 5.2 zeigt einen Überblick über die im Folgenden vertieften Antworten.

Erstens wird falsch gemessen. Liebe wird im Beispiel durch Ehe gemessen. Dies kann so sein, muss es aber nicht zwingend. Blind wird durch Brille gemessen, was augenscheinlich falsch ist.

Zweitens wird Alter als Störgröße nicht erkannt. Innerhalb eines gewissen Altersspektrums steigt die Wahrscheinlichkeit verheiratet zu sein und eine Brille zu benötigen mit dem Alter. Hingegen ist die Wahrscheinlichkeit Single zu sein und keine Brille zu benötigen bei jüngeren Menschen höher.

Drittens wird im Beispiel Korrelation, also ein reines gleichzeitiges Auftreten, mit Kausalität, also einer Ursache-Wirkungs-Beziehung verwechselt. Aus der Tatsache, dass die vermeintlich gemessene Liebe und

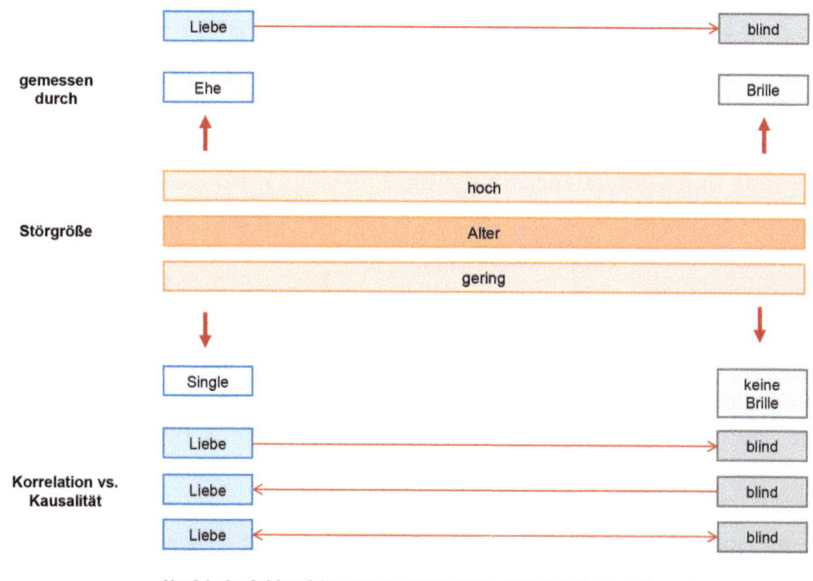

**Abb. 5.2** Macht Liebe blind?

Blindheit gleichzeitig auftreten, darf nicht geschlossen werden, was Ursache und was Wirkung ist. Es könnte sein, dass Liebe blind macht. Man könnte aber auch schlussfolgern, weil jemand blind ist, ist er verliebt und natürlich auch, dass beide Faktoren sich wechselseitig beeinflussen. Das bloße gleichzeitige Auftreten lässt darüber keine Rückschlüsse zu. Ein hinreichendes methodisches Wissen hilft, falsche Rückschlüsse nicht nur dieser Art zu vermeiden.

Nach der Motivation zur Auseinandersetzung mit den methodischen Hintergründen erfolgt in den folgenden zwei Kapiteln die Motivation für das Verständnis der inhaltlichen Hintergründe des Analysegegenstandes; zunächst für die Kundenzufriedenheit, dann für den Sales Funnel als Teil der Customer Journey.

## 5.2   Forschungsfragen aus der Praxis – Das Beispiel Kundenzufriedenheit

Analog zur generellen Motivation für fundierte Grundlagen sei die Bedeutung einer guten Theorie für die Praxis auch für die Kundenzufriedenheit hervorgehoben. Nicht selten fragen Unternehmen ihre Kunden nach deren Zufriedenheit mit einer Vielzahl von Kriterien, z. B. der Produktqualität, dem Preis-Leistungs-Verhältnis, der Fachkompetenz usw. und verwenden zur Bewertung z. B. Schulnoten. Im Rahmen der Analyse wird ein Zufriedenheitsranking erstellt. Schließlich werden die am schlechtesten bewerteten Kriterien verbessert und/oder alle diejenigen, die unterhalb einer gewissen Schwelle liegen, z. B. der Schulnote *gut*. Dieses augenscheinlich zunächst richtige Vorgehen birgt die Gefahr falscher Schlussfolgerungen. Nehmen wir an, die Produktqualität werde mit *gut*, das Preis-Leistungs-Verhältnis mit *befriedigend* und die Fachkompetenz der Mitarbeiter mit *ausreichend* bewertet, so wäre die Fachkompetenz vordringlich zu verbessern. Unberücksichtigt bleibt dabei die Wichtigkeit eines Kriteriums. Ist z. B. den Kunden die Fachkompetenz im Vergleich zur Produktqualität und zum Preis-Leistungs-Verhältnis eher unwichtig, weil es sich etwa um ein Discountgeschäft mit nahezu keiner Beratung handelt, so werden Ressourcen in weniger bedeutsame Felder fehlgeleitet. Statt die eher unwichtige Fachkompetenz von *ausreichend* auf *befriedigend* zu verbessern, ist es sinnvoller, das für die Kunden wichtigere Preis-Leistungs-Verhältnis von *befriedigend* zu *gut* zu verbessern. Dieser Ansatz findet seinen Niederschlag in der Wichtigkeits-Zufriedenheits-Matrix. Diese setzt die Zufriedenheit mit einem Kriterium gezielt in Relation zu dessen Wichtigkeit und leitet aus dem Vergleich die Notwendigkeit zur Verbesserung ab (Dobbelstein und Brylla 2010; Dobbelstein 2001)( Abb. 5.3).

Ist dem Kunden ein Kriterium wichtig und ist er mit diesem für mein Unternehmen unzufrieden, so besteht dringender Handlungsbedarf, da ansonsten z. B. die Gefahren der Abwanderung und negativer Mund-zu-Mund-Propaganda entstehen. Besteht zwar Unzufriedenheit, ist das Kriterium jedoch von untergeordneter Bedeutung, wie die

**Abb. 5.3** Wichtigkeits-Zufriedenheits-Matrix

Fachkompetenz im obigen Beispiel, so ist der Handlungsbedarf zwar gegeben, jedoch weniger dringend und weniger groß, da bei geringerer Wichtigkeit die negativen Auswirkungen auf das Verhalten der Kunden geringer sind. Bei hoher Wichtigkeit und hoher Zufriedenheit, empfiehlt sich, die Leistung nicht nur fortzuführen, sondern ggf. auch gezielt gegenüber bestehenden aber insbesondere auch potentiellen neuen Kunden als Stärke zu kommunizieren. Ist schließlich die Wichtigkeit gering aber die Zufriedenheit hoch, so kann das Resultat einer Kundenzufriedenheitsanalyse auch die umsichtige Prüfung der Reduktion einer Leistung sein. Offenbar setzt das Unternehmen Ressourcen für Leistungen ein, welche dem Kunden nicht wichtig sind und kann diese ggf. gezielter, z. B. zur Verbesserung von wichtigen Kriterien mit geringer Zufriedenheit einsetzten. Eine umsichtige bzw. vorsichtige Prüfung empfiehlt sich aus zwei Gründen. Zum einen ist es möglich, dass ein Kriterium zwar nicht für die Kunden, aber aus anderen unternehmerischen Gründen wichtig ist. Nach der Wichtigkeit von Werbung gefragt, werden vermutlich viele Kunden diese als unwichtig einstufen, dennoch verzichtet ein Unternehmen nicht darauf. Zum anderen kann es auch sein, dass die hohe Zufriedenheit für das Unternehmen mit keinen oder nur geringen Kosten verbunden ist oder dass ein Unternehmen beim betreffenden Kriterium ein Alleinstellungsmerkmal hat. In diesen Fällen kann es auch ratsam sein, die Wichtigkeit eines Kriteriums über kommunikative Maßnahmen zu erhöhen. Beispielhaft sei eine Autofähre über den Bodensee erwähnt. Die Passagiere genießen das See- und Alpenpanorama während der Überfahrt und bewerten es gut. Sie messen ihm jedoch im Vergleich zu einer schnellen Seeüberquerung wenig Bedeutung bei. Nun ist das Alpenpanorama ersten für den Fährbetreiber nicht mit Kosten verbunden, zweitens bietet sein Konkurrent, die Umfahrung des Sees auf der Straße, beides nur eingeschränkt. In diesem Fall bietet es sich an, die Wichtigkeit einer entspannten Fährfahrt mit tollem Panorama im Vergleich zur stressigen Autofahrt über Marketingmaßnahmen zu erhöhen.

Ein zweiter Ansatz, der in der Kundenzufriedenheitsanalyse oft zusammen mit der Wichtigkeits-Zufriedenheits-Matrix verwendet wird, ist das Kano-Modell der Kundenzufriedenheit (Kano 1984). Die Wichtigkeits-Zufriedenheits-Matrix geht davon aus, dass Zufriedenheit das Ergebnis eines Vergleiches ist. Der Kunde hat eine bestimmte Erwartungshaltung an ein Produkt oder eine Dienstleistung. Je besser er diese Erwartung erfüllt sieht, desto zufriedener ist er. Das in Abb. 5.4 dargestellte Modell von Kano betrachtet diese Erwartungshaltungen etwas detaillierter.

Beim Verhältnis zwischen der Erfüllung einer Anforderung und der Zufriedenheit der Kunden unterscheidet Kano drei Kategorien von Anforderungen – Basis-, Leistungs- und Begeisterungsanforderungen (Bruhn 2019; Sinemus et al. 2025):

- Basisanforderungen sieht der Kunde als selbstverständlich an. Er thematisiert sie nicht und geht implizit von ihrer offensichtlichen Erfüllung aus. So hinterfragt beim Kauf eines Neuwagens niemand, ob der Motor eines bestellten Fahrzeuges bei der Auslieferung auch laufen wird. Werden Basisanforderungen erfüllt, so wird Unzufriedenheit vermieden, aber keine Zufriedenheit erzeugt. Ihre Erfüllung ist eine Minimalvoraussetzung, damit Zufriedenheit auf Basis einer Erfüllung der Leistungsanforderungen und Begeisterung auf Basis der Erfüllung der gleichnamigen Begeisterungsanforderungen entstehen können.

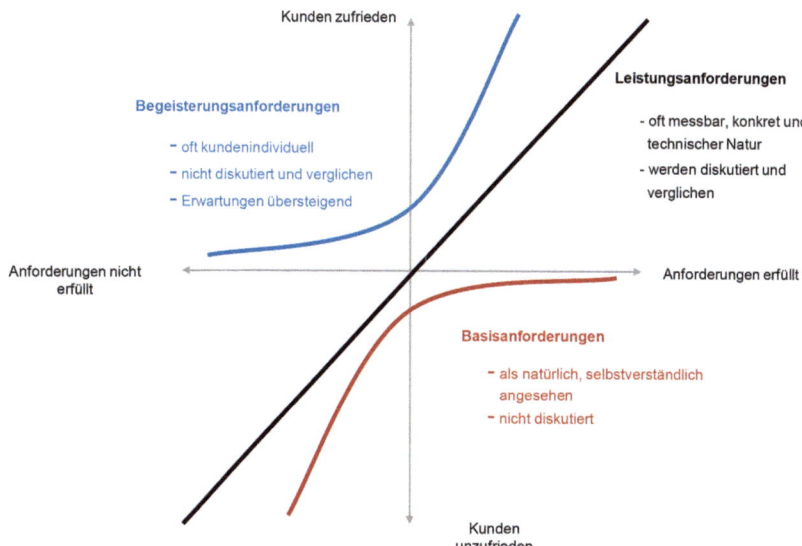

**Abb. 5.4** Auswirkungen (*un*)erfüllter Erwartungen auf die Zufriedenheit (In Anlehnung an Kano et al. 1984 und Bruhn 2019, S. 42)

- Leistungsanforderungen sind häufig technischer Natur. Sie sind oft messbar und werden im Kaufprozess sowohl artikuliert als auch verglichen. Dies können beispielsweise Kraftstoffverbrauch, $CO_2$-Ausstoß oder Beschleunigung eines Autos sein. Es sind im Wettbewerb unmittelbar bedeutsame Faktoren. Je besser eine Leistungsanforderung erfüllt ist, desto zufriedener ist der Kunde.
- Begeisterungsfaktoren hingegen werden vom Kunden nicht aktiv gefordert. Sie werden somit auch nicht vermisst, wenn sie nicht vorhanden bzw. erfüllt sind. Es sind Faktoren, welche Kunden positiv überraschen. Beispielsweise die Schneeketten, welche ein Autohändler den Kunden eines im letzten Sommer gekauften PKW im Dezember bei einem starken Wintereinbruch kostenlos zur Verfügung stellt. Erhält der Kunde diese nicht, so wird er diese Leistung auch nicht vermissen. Erhält er sie, so führt dies zu den für diese Anforderungskategorie typischen und beabsichtigten Konsequenzen Begeisterung,

Kundentreue und positives Weiterempfehlungsverhalten. Zu beachten ist, dass im Laufe der Zeit ein Gewöhnungseffekt eintreten kann und der Kunde eine bestimmte Sonderleistung irgendwann erwartet und als selbstverständlich ansieht; die Begeisterungsanforderung kann zur Basisanforderung werden. Dies liegt in der Natur des Wettbewerbs und erfordert die Suche nach neuen Möglichkeiten, Kunden zu begeistern.

Da die Anwendung des Kano-Modells keine zusätzlichen Fragen in einem Fragebogen erfordert, wird es in Kundenzufriedenheitsanalysen häufig zusammen mit der Wichtigkeits-Zufriedenheits-Matrix eingesetzt. Die folgende Abb. 5.5 verdeutlich eine typische Auswertung eines solchen kombinierten Einsatzes am Beispiel eines Restaurants (Dobbelstein 2001).

Nach dem Kano-Modell sind zunächst die Basisanforderungen als Grundlage der Zufriedenheit zu verbessern, d. h. Öffnungszeiten, Preis-Leistungs-Verhältnis und das Speiseangebot, es folgen die Leistungsanforderungen Freundlichkeit und Reklamationsmanagement. Das Restaurantdesign als Begeisterungsanforderung kann gepflegt und ausgebaut werden, bedarf jedoch keiner Verbesserung.

Innerhalb der Wichtigkeits-Zufriedenheits-Matrix werden im Beispiel Wichtigkeit und Zufriedenheit auf einer Skala von 1 = sehr unwichtig bzw. unzufrieden bis 5 = sehr wichtig bzw. zufrieden gemessen. Der in Klammern angegebene Wert ist die Differenz zwischen Wichtigkeit minus Zufriedenheit. Er zeigt an, wie stark die Zufriedenheit hinter der Wichtigkeit zurückbleibt. Je größer der Wert, desto höher der Handlungsbedarf. Der Wert von 0,94 für die Öffnungszeiten ergibt sich aus einer hohen Wichtigkeit von 4,84 und einer geringeren Zufriedenheit von 3,90. Die Öffnungszeiten (0,94) haben somit nach der Freundlichkeit (1,12) den zweithöchsten Handlungsbedarf.

Werden die sich aus dem Kano-Modell und der Wichtigkeits-Zufriedenheits-Matrix ergebenden Rankings der zu verbessernden Kriterien verglichen, so zeigt sich lediglich für die Freundlichkeit eine Abweichung. Nach der Wichtigkeits-Zufriedenheits-Matrix hat diese Priorität 1; nach

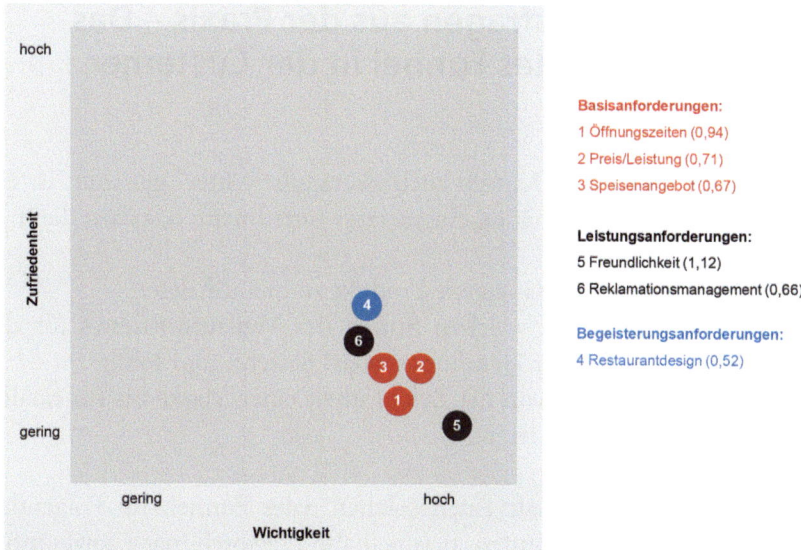

**Abb. 5.5** Integriertes Ableiten von Maßnahmen – Wichtigkeits-Zufriedenheits-matrix und Kano-Modell

Kano ist sie eine Leistungsanforderung und erst an zweiter Stelle nach den Basisanforderungen Öffnungszeiten, Preis-Leistung und Speiseangebot zu verbessern. In der Praxis geschieht die Auswahl der zu verbessernden Kriterien in solchen Fällen häufig über das Kosten-Nutzen-Verhältnis der erforderlichen Maßnahmen. So könnte es sich bei den erforderlichen Schulungen zur Freundlichkeit um einen Quick-Win handeln, der im Vergleich zu einer evtl. erforderlichen Ausdehnung der Öffnungszeiten schneller und mit weniger Kosten umsetzbar ist.

> Wählen Sie zur Analyse der Kundenzufriedenheit unbedingt ein geeignetes Modell aus – dies beugt falschen Schlussfolgerungen vor und hilft gezielt die richtigen Ansatzpunkte zur Verbesserung der Kundenzufriedenheit zu finden.

## 5.3    Forschungsfragen aus der Praxis – Das Beispiel Sales Funnel in der Customer Journey

Der Sales Funnel, auf Deutsch auch „Verkaufstrichter" genannt, ist ein in der Marktforschung häufig eingesetztes Instrument, das dazu dient:

- Marktpotentiale für das eigene Produkt zu quantifizieren,
- zu identifizieren, auf welchen Stufen des Verkaufsprozesses für das Marketing besonderer Handlungsbedarf besteht, und somit
- den Verkaufsprozess von der Bekanntheit einer Marke bis zur finalen Kaufabsicht zu optimieren.

Abb. 5.6 zeigt beispielhaft einen solchen Sales Funnel. Im Folgenden wird auf die einzelnen Stufen, beispielhafte Fragestellungen sowie mögliche erforderliche Maßnahmen eingegangen.

Zunächst sind der Zielmarkt und damit die **Grundgesamtheit** zu spezifizieren. Im Beispiel aus Abb. 5.6 ist dies die volljährige Bevölkerung eines Landes. Die Grundgesamtheit für die Marktforschung entspricht zumeist dem Zielmarkt für ein Produkt oder eine Dienstleistung. Im B2B-Bereich besteht diese nicht selten aus Branchen, z. B. allen Bäckereien, Hotels, metallverarbeitenden Unternehmen etc. einer bestimmten als relevant identifizierten Region. Aus dieser Grundgesamtheit ist für eine Befragung eine entsprechende Stichprobe zu ziehen. Neben den allgemeinen in Kap. 6 dargestellten Regeln ist zusätzlich darauf zu achten, dass auf den unteren Stufen des Sales Funnels noch genug Befragte vorhanden sind, um zuverlässige Aussagen treffen zu können. Von Stufe zu Stufe werden nur diejenigen weiter befragt, welche eine vorangegangene Stufe positiv beantwortet haben. Besteht z. B. kein generelles Kaufinteresse, ist es sinnlos abzufragen, ob die eigene Marke infrage käme.

Auf der ersten Stufe wird die **Bekanntheit der eigenen Marke** abgefragt. Zu unterscheiden sind die gestützte und die ungestützte Bekanntheit. Die ungestützte Bekanntheit basiert auf einer Abfrage ohne

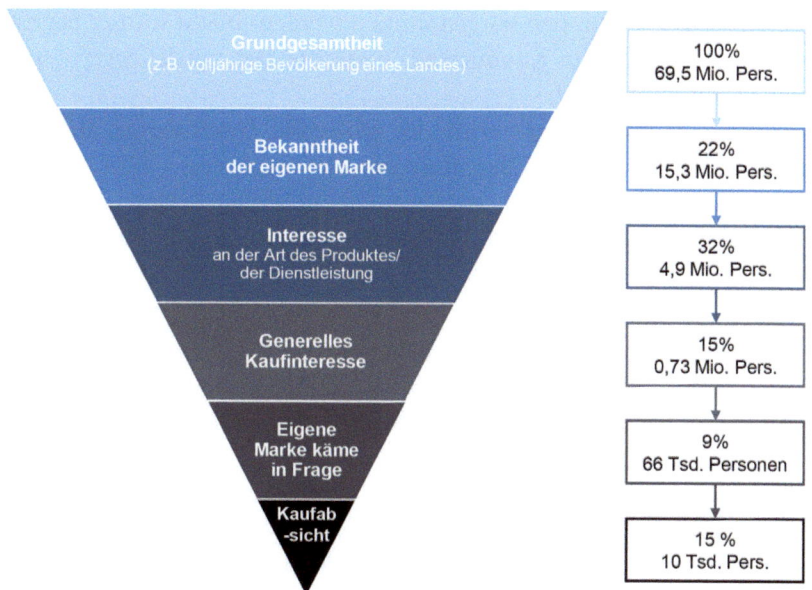

| | |
|---|---|
| Grundgesamtheit (z.B. volljährige Bevölkerung eines Landes) | 100% 69,5 Mio. Pers. |
| Bekanntheit der eigenen Marke | 22% 15,3 Mio. Pers. |
| Interesse an der Art des Produktes/ der Dienstleistung | 32% 4,9 Mio. Pers. |
| Generelles Kaufinteresse | 15% 0,73 Mio. Pers. |
| Eigene Marke käme in Frage | 9% 66 Tsd. Personen |
| Kaufab -sicht | 15 % 10 Tsd. Pers. |

**Abb. 5.6**   Fiktives Beispiel eines Sales Funnels

Vorgaben von Antwortalternativen. Eine typische Fragestellung lautet: Welche Hersteller bzw. Marken von *Produktart*, z. B. E-Bike, oder im B2B-Bereich Dampfgarer/Kombidämpfer kennen Sie, wenn auch nur dem Namen nach? Bei der gestützten Abfrage lautet die Formulierung ähnlich, es werden jedoch vorhandene Marken als Auswahlmöglichkeiten vorgegeben. Welche der folgenden Hersteller von *Produktart* kennen Sie, wenn auch nur dem Namen nach? Gefolgt von einer Liste der für das eigene Unternehmen relevanten Marken. Diese sollte in jedem Fall alle bedeutsamen Konkurrenten enthalten, um einen Vergleich des eigenen Unternehmens zum Wettbewerb zu ermöglichen. Für die weitere Sales-Funnel-Analyse wird zumeist auf die gestützte Bekanntheit abgezielt. Ist eine hohe Markenbekanntheit als Marketingziel sinnvoll definiert, so kann aus dem Konkurrenzvergleich schnell ggf. erforderlicher Handlungsbedarf abgelesen werden. Werden weiterhin Personeneigenschaften, wie Alter, Einkommen und Geschlecht der Befragten abgefragt, so kann auch ein Bekanntheits-Konkurrenz-Vergleich für differenzierte Zielgruppen vorgenommen werden. Nicht immer begründen, im Vergleich zur Konkurrenz, schlechte Bekanntheitswerte auch einen Handlungsbedarf.

Auf der nächsten Stufe wird das **generelle Interesse an der entsprechenden Produkt-/Dienstleistungsart** analysiert. Eine gängige Fragestellung ist z. B.

„Wenn Sie an die nächsten 2 bis 3 Jahre denken, welche Aussage trifft dann eher auf Sie zu?"

- Ich kann mir vorstellen, in den nächsten 2 bis 3 Jahren ein E-Bike auszuprobieren.
- Ein E-Bike auszuprobieren, kommt für mich in den nächsten 2 bis 3 Jahren eher nicht in Betracht.

Der gewählte Zeitraum hängt zum einen stark von der Art des Produktes ab, zum anderen davon, wie verbindlich das Interesse abgefragt werden soll. Je länger der gewählte Zeitraum, desto höher wird der Anteil der Antwortenden sein, welche sich eine Nutzung/Test etc. vorstellen können. Wird an anderer Stelle des Fragebogens zuvor nicht bereits der Besitz eines entsprechenden Produktes erfragt, so ist dies an dieser Stelle zusätzlich in die Interessensabfrage einzubauen, da sich Interesse natürlich insbesondere im Besitz niederschlägt.

Personen, welche ein grundsätzliches Interesse zeigen werden im Folgenden nach ihrem generellen Kaufinteresse gefragt. Dies ist erforderlich, da ein generelles Produktinteresse natürlich nicht zwingend mit einem Kaufinteresse verbunden ist. Typisch dafür ist folgende Fragestellung:

„Denken Sie bitte einmal an einen möglichen Kauf eines E-Bikes. Welche Aussage trifft eher auf Sie zu?"

- Ich kann mir vorstellen, in den nächsten 2–3 Jahren ein E-Bike zu kaufen.
- Ich kann mir in den nächsten 2–3 Jahren den Kauf eines E-Bikes _nicht_ vorstellen.

Der Zeitraum für die Abfrage des Kaufinteresses unterliegt den gleichen Überlegungen wie die Abfrage des generellen Produktinteresses und sollte aus Gründen der Vergleichbarkeit auch identisch gewählt werden.

Besteht ein generelles Kaufinteresse, so ist auf der nächsten Stufe zu analysieren, ob die **eigene Marke** für die potentiellen Kunden **infrage kommt**. Dies wird auch als das Relevant Set bezeichnet. Eine sehr gebräuchliche Frage ist hier: Welche Marken könnten Sie sich vorstellen zu kaufen? Gefolgt von einer Liste der relevanten Marken und der zusätzlichen Option „weiß ich noch nicht". Je nach verwendeter Umfrageart und Software, ist es auch möglich, dem Befragten nur diejenigen Markennamen zur Auswahl vorzulegen, welche er oben als bekannt genannt hat. Während der Konkurrenzvergleich bei Interesse und genereller Kaufabsicht seltener durchgeführt wird, hat er auf der Stufe des Relevant Set eine extrem hohe Bedeutung. Kommt die eigene Marke für deutlich weniger Kaufinteressierte infrage als Konkurrenzmarken, so ist dies oft ein bedeutsamer Wettbewerbsnachteil, dessen Ursachen zu ergründen sind. Dies kann ähnlich wie bei der geschilderten Kundenzufriedenheitsanalyse erfolgen, indem Kaufinteressenten nach ihrem Urteil zu eigenen sowie zu Konkurrenzmarken befragt werden. Es bietet sich nicht zuletzt aus Effizienz- und Kostengründen an, eine solche Ursachenanalyse parallel in der gleichen Befragung wie die Sales-Funnel-Analyse durchzuführen.

In der letzten Stufe wird schließlich nach der **Kaufabsicht** gefragt, konkret nach der bei einem derzeitigen Kauf **bevorzugten Marke**: „Wenn Sie sich jetzt, ohne weitere Überlegungen anzustellen, spontan für einen Hersteller bzw. eine Marke entscheiden müssten, welche würden Sie dann kaufen?" Lässt die verwendete Software es zu, so empfiehlt es sich auch hier nur diejenigen Marken vorzulegen, welche zuvor als in Frage kommend genannt wurden. Ist dies nicht möglich, so kann ein Vergleich der Antworten auf beide Fragen als Kontrollmechanismus (siehe Abschn. 7.2) zur Identifikation unzuverlässiger Befragungsteilnehmer verwendet werden. Auch auf dieser Stufe liefert ein Vergleich der prozentualen Umwandlung von in Frage kommender Marke zu bevorzugter Marke mit der Konkurrenz (und eine evtl. erforderliche Ursachenanalyse) wertvolle Hinweise zur Verbesserung der Marktposition. Wird im Verlauf der Sales-Funnel-Befragung auch der derzeitige Besitz entsprechender Marken abgefragt, so kann zusätzlich durch den Vergleich von der bereits besessenen zur beim Kauf bevorzugten Marke die Loyalität der Kunden für die eigene Marke sowie die Konkurrenzmarken analysiert werden.

Die Übersicht im Beispiel in Abb. 5.6 zeigt, wie das Potential von Stufe zu Stufe schrumpft. Die Betrachtung der jeweiligen Konversionswerte für das eigene Unternehmen zeigt schnell, wie groß die Hebel auf den einzelnen Stufen sind und welche Auswirkungen Verbesserungen haben. So ist die Verbesserung der Konversionsrate von Bekanntheit zu Interesse zumeist bedeutsamer als die von generellem Kaufinteresse zum Relevant Set. Einen Hinweis darauf, ob solche Verbesserungen sinnvoll anzustreben sind, liefert der Konkurrenzvergleich.

Im Beispiel verbleiben am Ende ca. 10.000 Personen oder 0,014 % der Grundgesamtheit als Kunden mit konkreter Kaufabsicht für die eigene Marke. Welcher Anteil dieser erhobenen Kaufabsicht in einen tatsächlichen Kauf mündet, kann mithilfe der in der Regel stichtagsbezogenen Befragung nur sehr eingeschränkt ermittelt werden. Dies hängt zum einen davon ab, welcher Zeithorizont in der Befragung zugrunde gelegt wird, zum anderen davon, welche weiteren Störfaktoren, z. B. Einbruch der Konjunktur, Arbeitslosigkeit, neue Konkurrenten, im abgefragten Zeitraum neu hinzukommen. Ein Vergleich mit den tatsächlichen Absatzzahlen kann hier weitere Erkenntnisse liefern.

> Der Sales Funnel ist ein gutes Modell, um gezielt Steigerungspotentiale im Kaufprozess zu identifizieren.

## 5.4    Der Marktforschungsprozess

Im Folgenden steht zunächst ein Überblick über den Marktforschungsprozess insgesamt im Vordergrund. Er dient jedem Marktforschungsprojekt als systematische Planungsgrundlage und Checkliste. Im zweiten Unterkapitel wird auf die für viele Unternehmen sehr wichtigen Besonderheiten der internationalen Marktforschung eingegangen.

## 5.4.1 Der Marktforschungsprozess im Überblick

Sind Ziel sowie konkreter Nutzen der Marktforschung für das Unternehmen festgelegt und haben Sie einen ersten Einblick in verfügbare Daten und die Hintergründe Ihres Analysegegenstands erlangt, kann mit der groben Planung des Marktforschungsprozesses begonnen werden. Abb. 5.7 vermittelt einen Überblick über den Gesamtprozess. Sie stellt den Rahmen für die weiteren Ausführungen dar.

Die **Definition des Forschungsproblems**, also des Erkenntnisinteresses, stellt den Ausgangspunkt der Marktforschung dar. Eine Checkliste zur Formulierung der richtigen Frage wird in Abschn. 5.1 vorgestellt, die erforderlichen Grundlagen zum jeweiligen Analysegegenstand beispielhaft in Abschn. 5.2 und Abschn. 5.3. Das Aufstellen von Hypothesen kann auch für die unternehmerische Marktforschung als Grundlage für die Formulierung konkreter Fragen nützlich sein. Diese finden

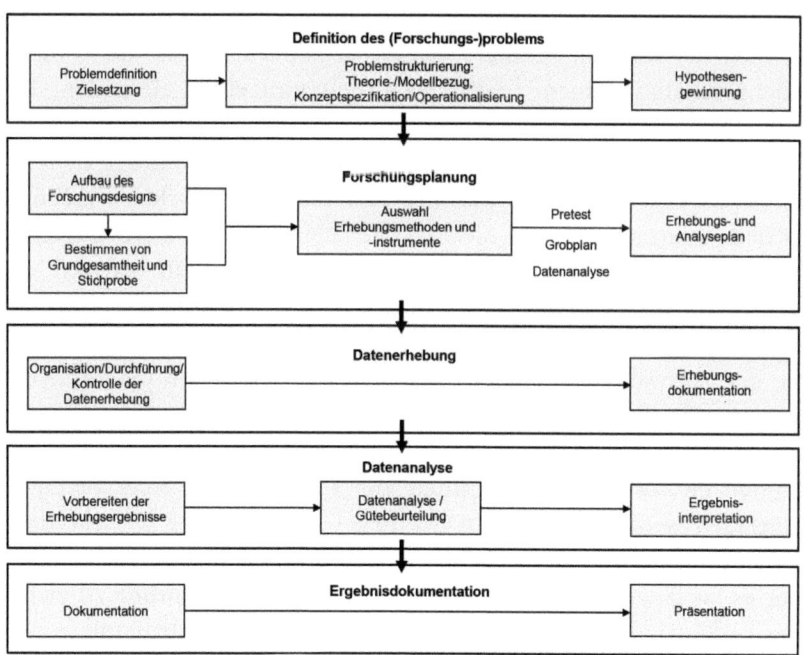

**Abb. 5.7** Der Marktforschungsprozess im Überblick

sich jedoch vornehmlich in der wissenschaftlichen empirischen Forschung.

Zentraler Gegenstand der folgenden Kapitel ist die **Forschungsplanung**. Diese beginnt mit der Frage nach den oben thematisierten Rahmenbedingungen des *Forschungsdesigns* im Anspruchsspektrum zwischen erstem fundiertem Einblick und repräsentativen Ergebnissen. Als weitere Rahmenbedingungen fließen in das Forschungsdesign die Entscheidungen bezüglich Make-or-Buy (Abschn. 3.5) und qualitativer versus quantitativer Marktforschung ein ( Abschn. 3.3).

Es folgt die Festlegung der *Grundgesamtheit*. Hierunter sind diejenigen Objekte zu verstehen, für welche die Marktforschung Gültigkeit besitzen soll. Die präzise Definition der Grundgesamtheit wird oft unterschätzt, hat jedoch eine hohe Bedeutung. Zum einen ist es wichtig zu wissen, über wen oder was genau Aussagen getroffen werden. Zum anderen beeinflusst die festgelegte Grundgesamtheit sowohl Ergebnisse als auch Maßnahmen. Wird z. B. eine Kundenzufriedenheitsanalyse für ein stationäres Einzelhandelsgeschäft durchgeführt, so kann die Grundgesamtheit der Kunden definiert werden als alle Menschen, die in diesem Ladengeschäft in einem bestimmten Zeitraum etwas einkaufen. Eine andere Möglichkeit ist die Festlegung der Grundgesamtheit der Kunden als alle Menschen, welche das Ladengeschäft im relevanten Zeitraum betreten. Bei der Definition als *alle* betretenden Menschen werden die Zufriedenheitsergebnisse schlechter ausfallen, als bei einer Definition als *kaufende* Menschen. Personen, die ein Ladengeschäft betreten, aber nichts kaufen haben einen Grund dafür und werden mit einzelnen oder mehreren Kriterien unzufriedener sein als die kaufenden Besucher, z. B. mit der Auswahl der angebotenen Produkte, mit der Qualität, dem Preis oder der Beratung.

In der Praxis kommt es oft vor, dass nicht alle Menschen, Unternehmen etc. der Grundgesamtheit zur Teilnahme an einer Befragung eingeladen werden können. In der Regel hat dies seine Ursache darin, dass es zu viele sind und die damit verbundenen Kosten zu hoch sind oder es zu lange dauert. In diesem Fall ist eine *Stichprobe* zu ziehen. Dies bedeutet, aus der Grundgesamtheit sind einige Elemente in einer solchen Weise und in einer solchen Zahl auszuwählen, dass aus diesen ausgewählten Elementen, mit der geforderten Zuverlässigkeit, wieder auf die gesamte Grundgesamtheit zurückgeschlossen werden kann.

Sind Grundgesamtheit und Stichprobe bestimmt, folgt die Auswahl der *Erhebungsmethoden und Instrumente*. In der Marktforschung gibt es zwei Erhebungsmethoden – die Beobachtung und die Befragung, die sowohl qualitative wie auch quantitative Daten erheben. Zu den gängigen Instrumenten der Beobachtung gehören z. B. die Analyse des Verhaltens der Besucher der eigenen Unternehmenshomepage mithilfe von Tools wie Google Analytics, Registrierung und Auswertung des Kaufverhaltens der eigenen Kunden über Kundenkarten und CRM-Systeme oder das Nachverfolgen des Blickverlaufs beim Betrachten von Werbeanzeigen oder Homepages mittels Eyetracking. Bei der Befragung besteht die Auswahl zwischen persönlicher, telefonischer, schriftlicher oder computerbasierter (zumeist Online-Befragung) sowie qualitativen Befragungsinstrumenten, wie der Fokusgruppe. Ist die Entscheidung für ein Befragungsinstrument gefallen, so ist ein zum Instrument passender Fragebogen bzw. Leitfaden zu formulieren. Dabei ist es wichtig, bereits beim Entwerfen des Fragebogens die beabsichtigten Auswertungen zu berücksichtigen. Ist es etwa ein Ziel, verschiedene Kundengruppen miteinander zu vergleichen, so ist sicherzustellen, dass die Art der Frage und der verwendeten Skalen dies auch ermöglichen. Dies kann geschehen, indem z. B. Schulnoten oder vergleichbare Bewertungsmuster herangezogen werden, welche es erlauben, Mittelwerte zum Vergleich verschiedener Gruppen zu berechnen. Bevor alle Mitglieder der beabsichtigten Stichprobe zur Beantwortung des Fragebogens eingeladen werden, ist es von essentieller Bedeutung, den Fragebogen einem Pretest anhand einer kleinen Gruppe zu unterziehen, um Missverständnisse und evtl. Probleme bei der Beantwortung auszuschließen.

Den Abschluss der Forschungsplanung bildet schließlich ein *Erhebungs- und Analyseplan*. Dieser hat weitestgehend operativen Charakter. Er beschreibt, welche Tätigkeiten bei der unmittelbar folgenden Datenerhebung und bei den weiteren Schritten der Datenanalyse und Dokumentation der Ergebnisse von wem, mit welchen Mitteln und in welcher Zeit umzusetzen sind.

Die **Datenerhebung** besteht im Wesentlichen in der *Organisation, Umsetzung und Kontrolle* der Forschungsplanung. Je nach Erhebungsform sind Druck, Versand, Erfassung von Fragebögen, Einsatzplanung und Schulung der durchführenden Befragungsmitarbeiter (z. B. im Callcenter) oder das Versenden von Emaileinladungen bzw. der Aufruf zur Teilnahme auf einer Homepage (bei Online-Befragungen) zentrale Elemente. Essentieller Bestandteil der Datenerhebung ist auch ihre laufende Kontrolle. Zentrale Kontrollgrößen sind dabei die Beteiligungsquote, die durchschnittliche Dauer der Befragung, die Qualitätskontrolle im Hinblick auf das Verständnis des Fragebogens und seine vollständige Beantwortung sowie die Identifikation ungewöhnlicher Ereignisse. Zu diesen gehört etwa ein vom Durchschnitt stark abweichendes Antwortverhalten bei einzelnen Interviewern. Dieses kann seine Ursache darin haben, dass sie besondere Persönlichkeitsmerkmale aufweisen, z. B. bei persönlichen Interviews ein extravagantes äußeres Erscheinungsbild, oder evtl. auch betrügen und Fragebögen selber ausfüllen. Auch stark schwankende Beteiligungsquoten sind auf ihre Ursachen zu analysieren. Diese können bei Online-Umfragen z. B. in technischen Problemen liegen; oder bei persönlichen Befragungen im Freien etwa an starken Temperaturunterschieden. Die *Dokumentation* der Datenerhebung umfasst einen detaillierten Überblick darüber, welche Daten, von wem unter welchen Umständen erhoben wurden. Sie dient nicht nur der Qualitätsbewertung, sondern kann auch eine wichtige Grundlage für die Erklärung von Ergebnissen sein. Beispielhaft sei erwähnt, dass Kunden dazu neigen, ein Unternehmen besser zu bewerten, wenn sie von Mitarbeitern des Unternehmens befragt werden, als wenn dies anonym durch einen unabhängigen Dritten erfolgt.

Erster Bestandteil der **Datenanalyse** ist die *Vorbereitung der erhobenen Daten* für die eigentliche Analyse im Sinne einer Qualitäts- und Plausibilitätskontrolle. Insbesondere wenn mit der Befragungsteilnahme eine Incentivierung verbunden ist, besteht ein erhöhtes Risiko, dass Menschen lediglich aufgrund der Belohnung an der Befragung teilnehmen und schriftliche bzw. Online-Fragebögen nicht gründlich lesen, sondern willkürlich irgendwelche Antworten anklicken bzw. -kreuzen. Diese Antworten spiegeln nicht die wirkliche Meinung der Befragten wider. Werden sie in die Analyse mit aufgenommen, so werden auf Basis falscher Antworten auch falsche Schlüsse gezogen und falsche Maßnahmen abgeleitet. Solche *Durchklicker* sind somit im Vorfeld der Analyse zu identifizieren und auszuschließen. Erst danach kann mit der eigentlichen **Datenanalyse** begonnen werden. Diese orientiert sich verständlicherweise an den unternehmensbezogenen Zielen der Marktforschung sowie den gewählten theoretischen Grundlagen. Bei der oben geschilderten Wichtigkeits-Zufriedenheits-Matrix werden beispielsweise die Durchschnitte für Wichtigkeit und Zufriedenheit je Kriterium berechnet und in der Matrix gegenübergestellt. Dies kann entweder insgesamt oder je nach Erkenntnisinteresse auch für einzelne Kundengruppen geschehen. Auch die **Ergebnisinterpretation** folgt dem Ziel und dem theoretischen Hintergrundwissen. Welche Konsequenz hat es für unser Unternehmen, wenn das Preis-Leistungs-Verhältnis im Wichtigkeits-Zufriedenheits-Vergleich deutlich schlechter abschneidet als die Servicequalität? Welche Ansatzpunkte für Maßnahmen sind daraus abzuleiten?

Die **Ergebniskommunikation** mit ihren Bestandteilen **Dokumentation** und **Präsentation** ist stark vom Anspruch der Marktforschung und den Gepflogenheiten des jeweiligen Unternehmens abhängig. Von Tabellen mit Kommentaren über PowerPoint-Präsentationen bis zum schriftlichen Berichtsband und Dashboard-Lösungen existiert ein breites Spektrum, das aufgrund seiner Bandbreite aus diesem Quick Guide weitestgehend ausgeklammert wird.

> Ein strukturierter Analyseprozess hat hohen Einfluss auf zuverlässige Ergebnisse und richtige Handlungsempfehlungen.

## 5.4.2 Besonderheiten internationaler Marktforschung

Die in diesem Buch geschilderten Methoden der Marktforschung sind grundsätzlich auch im internationalen Kontext gültig. So gelten etwa die allgemeinen Grundsätze zur Formulierung von Fragen oder zur Ziehung einer Stichprobe unabhängig vom Land, in welchem sie eingesetzt werden. Allerdings kommt es nicht selten vor, dass die Anwendung der

Methoden auf länderspezifisch unterschiedliche Gegebenheiten und Voraussetzungen trifft. Hieraus resultierten letztendlich unterschiedlich konkrete Ausgestaltungen des Marktforschungsprozesses und seiner Instrumente, z. B. bei der Formulierung des Fragebogens oder der Erhebung der Daten. Daraus hervorgehende länderspezifisch verschiedene Forschungsdesigns führen letztendlich zu einer höheren Komplexität einer Marktforschungsanalyse. Abb. 5.8 vermittelt einen Überblick darüber, in welchen Bereichen solche relevanten länderspezifischen Unterschiede zu erwarten sind.

Im Folgenden wird auf einige besonders relevante Unterschiede, die aus ihnen resultierenden Risiken und ihre methodisch richtige Handhabung eingegangen, um Fehler im internationalen Marktforschungskontext, falsche Schlussfolgerungen und Maßnahmen zu vermeiden.

Als Beginn diene ein extremes Beispiel des **rechtlichen Rahmens** innerhalb einer Kundenzufriedenheitsanalyse eines iranischen Konsumgüterherstellers. Ziel der Analyse ist herauszufinden, warum potentielle und tatsächliche Kunden die eigenen Produkte des Unternehmens kaufen oder die der Konkurrenten bevorzugen. Hierzu bietet sich eine Befragung der entsprechenden Kundenzielgruppe, z. B. direkt beim Kauf der relevanten Produkte im stationären Einzelhandel, an. In einigen streng

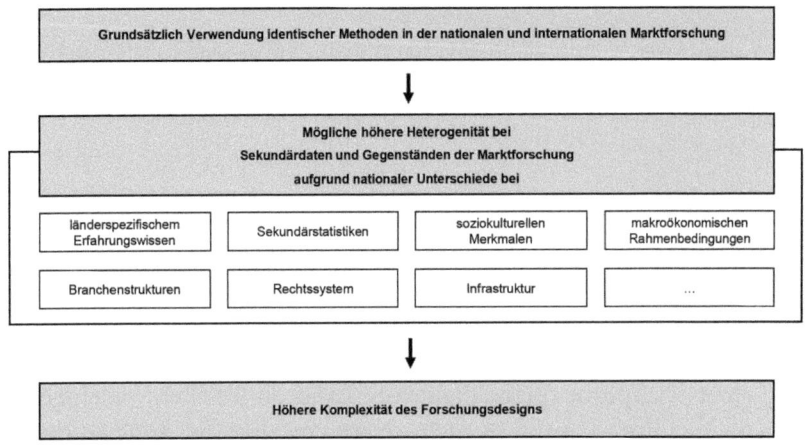

**Abb. 5.8** Besonderheiten internationaler Marktforschung

muslimischen Ländern kann die Ansprache einer Frau durch einen Mann in der Öffentlichkeit jedoch zu rechtlichen Problemen führen, in jedem Fall jedoch zu moralisch-ethischen Konflikten und damit zu einer verringerten Beteiligung und verfälschten Antworten.

Konkreter sei wegen der höheren Bedeutung für potentielle Fehler auf **soziokulturelle Merkmale** eingegangen. Als Beispiel diene die Zufriedenheitsanalyse der Passagiere einer Fähre. Diese verkehrt auf dem Bodensee zwischen Deutschland und der Schweiz und hat zu einem hohen Anteil Deutsche und schweizerdeutsch sprechende Schweizer als Passagiere. Folgende durch diesen internationalen Charakter bedingte Unterschiede sind von besonderer Bedeutung:

- Werden beide Nationalitäten nach ihrer Zufriedenheit anhand von *Schulnoten* befragt, so ist die unterschiedliche Ausrichtung der Schulnotenskalen zu berücksichtigen. In Deutschland steht 1 für eine sehr gute, 5 für eine schlechte Leistung. In der Schweiz ist es umgekehrt. Wird einheitlich z. B. die deutsche Skala verwendet, so werden die Schweizer Durchschnittzufriedenheiten in jedem Fall schlechter ausfallen als die Deutschen. Hat ein Schweizer sein bisheriges Leben gelernt, dass die 1 für *sehr schlecht* und die 5 für *sehr gut* steht, so besteht ein hohes Risiko, dass er, sobald er im Fragebogen „Schulnoten" und bei den Ankreuzfeldern 1 bis 5 liest, auch für den Fragebogen davon ausgeht, dass die 1 *sehr schlecht* und die 5 *sehr gut* bedeutet und nicht jede weitere Zeile des Fragebogens liest. Ein gewisser Anteil der Schweizer wird somit „falsche", der wirklichen Meinung genau entgegengesetzte Antworten ankreuzen. Dies kann gravierende Folgen haben, wenn dieser methodische Fehler nicht erkannt wird und basierend auf den geringeren Zufriedenheiten der Schweizer länderspezifische Maßnahmen ergriffen werden – obwohl die Zufriedenheit deutscher und Schweizer Passagiere identisch ist. Umgehen kann man dieses Risiko, indem entweder länderspezifische oder neutrale Bewertungsskalen, z. B. mit Smileys, verwendet werden.
- Zwischen Schweizerdeutsch und Hochdeutsch bestehen *Sprachunterschiede*. Im konkreten Beispiel ist das zur Anreise verwendete Verkehrsmittel von Interesse. Während ein Deutscher mit dem Fahrrad anreist, kommt der Schweizer mit dem Velo. Hingegen nutzt der

Schweizer die Tram, das Töff oder Töffli, der Deutsche die Straßenbahn, das Motorrad oder Mofa. Ein gegenseitiges Verständnis aller Begriffe kann nicht bei allen Befragten vorausgesetzt werden. Abhilfe schaffen wieder entweder nationalitätenspezifische Fragebögen oder die gleichzeitige durch „/" getrennte Verwendung beider Begriffe.

- Ist das Einkommen von Interesse und wird abgefragt, so empfiehlt sich zur Erhöhung der Antwortbereitschaft die Vorgabe von Einkommensklassen. Allerdings kann nicht vorausgesetzt werden, dass der Schweizer den Franken und der Deutsche den Euro in die jeweils andere, auf einem Fragebogen angegebene, Währung umrechnet. Er wird maximal eine grobe Abschätzung der Umrechnung vornehmen, die ein gewisses Fehlerrisiko birgt. Einkommensklassen sind somit in beiden Währungen anzugeben.
- Auch bei der Interpretation können länderspezifische Unterschiede relevant sein. Etwa wenn die Zufriedenheit mit dem Preis-Leistungs-Verhältnis des Fahrpreises bei Schweizern aufgrund der höheren Kaufkraft besser ist als bei Deutschen.

Auch Unterschiede in der **Infrastruktur** können Bedeutung für das Forschungsdesign haben. Für die Auswahl des Erhebungsinstrumentes ist z. B. die Online-Erreichbarkeit bedeutsam. Während diese 2025 in Nordeuropa bei ca. 98 % liegt, beträgt sie in Indien 55 %, und ist damit für generelle Bevölkerungsbefragungen nicht geeignet (Statista 2025).

Wie ist in der praktischen Marktforschung mit solchen Unterschieden und den aus ihrem fehlenden Erkennen resultierenden Risiken falscher Marktforschungsergebnisse, Schlussfolgerungen und insbesondere falscher Maßnahmen umzugehen? Wie erlangt der Marktforscher Kenntnis darüber, dass Frauen im Iran in der Öffentlichkeit nicht von Männern anzusprechen sind? Verfügt ein Marktforscher nicht bereits über ein ausgeprägtes **länderspezifisches Erfahrungswissen** empfehlen sich zwei Stufen. In einer ersten Stufe ist im Rahmen einer Kosten-Nutzen-Überlegung die Bedeutung jedes Landes für das Unternehmen bzw. das konkrete Marktforschungsprojekt zu überprüfen. Ist diese sehr gering, z. B. weil es im Rahmen einer B2B-Kundenbefragung nur einen

Kunden im jeweiligen Land gibt und dieser eine sehr geringe Umsatz- und Ertragsbedeutung hat, so liegt es aus Kosten-Nutzen-Aspekten nahe, für dieses Land auf eine länderindividuelle Betrachtung zu verzichten. In diesem Fall wird ein möglichst länderneutraler, englischsprachiger, internationaler Fragebogen verwendet. Im zweiten Schritt ist es für Länder mit höherer Bedeutung empfehlenswert, das Forschungsdesign zunächst länderneutral bzw. basierend auf dem bestehenden Wissen und den Gegebenheiten des Ausgangslandes zu gestalten und einen Marktforschungsexperten aus dem jeweiligen Land um Prüfung zu bitten. Neben kommerziellen Marktforschungsinstituten bietet sich oft auch preiswerte Hilfe aus Hochschulen an. Erste allgemeine, jedoch in keinem Fall abschließende Hinweise, liefert auch ChatGPT.

## 5.5 KI bei der Konzeption der Marktforschung

Als essentielle Grundlagen einer guten Konzeption eines Marktforschungsprojektes haben sich eine präzise Fragestellung (was will ich wissen und welchen Nutzen hat die Information) sowie ein grundlegendes Verständnis des Analysegegenstandes herausgestellt. Bleiben wir bei der vorgestellten Analyse der Kundenzufriedenheit. Ein Unternehmen möchte die Zufriedenheit seiner Kunden analysieren, um gezielt Ansatzpunkte zur Verbesserung zu identifizieren. Wie geschildert kann die Qualität der Handlungsempfehlungen deutlich verbessert werden, wenn geeignete Modelle als Basis zu Grunde gelegt werden. Der folgende Prompt wird in ChatGPT eingegeben: *„Ein Hersteller von Wohnmobilen möchte die Zufriedenheit der Nutzer seiner Wohnmobile verbessern. Dazu strebt er an, eine Befragung durchzuführen. Welche Modelle bzw. theoretischen Grundlagen sind für diese Analyse geeignet."* Als Ergebnis werden die folgenden Ansätze aufgezählt und kurz beschrieben „Customer Satisfaction Model (CSM)/Kundenzufriedenheitsmodell, SERVQUAL-Modell (Parasuraman, Zeithaml & Berry), Technology Acceptance Model (TAM), Kundenerlebnis (Customer Experience – CX), Kano-Modell, Expectancy-Value-Theorie (z. B. Fishbein-Modell)". Es zeigt sich, dass das oben erwähnte Kano-Modell direkt erwähnt wird, die Wichtigkeits-Zufriedenheitsmatrix jedoch nur indirekt als Teil einer

Modellgruppe (Expectancy-Value-Theorie). Verfügt der Marktforscher bereits über Wissen zu den Modellen, so ist das Ergebnis der KI als kreative Gedächtnisstütze hilfreich, um ein Modell auszuwählen. Ist dies nicht der Fall, wirft das Ergebnis die weitere Frage auf, über welche Kriterien die Modelle zu vergleichen sind und welches der Modelle schließlich am besten geeignet ist. Eine möglicher weiterer Prompt lautet somit: *„Welches der Modelle ist am besten geeignet, wenn Ansatzpunkte zu einer Verbesserung der Kundenzufriedenheit zu identifizieren sind. Bitte vergleiche die Modelle anhand geeigneter Kriterien für den praktischen Einsatz."* Das Ergebnis ist die folgende Tabelle, welche als Ergebnis das Kano Modell vorschlägt:

| Modell | Ableitung konkreter Maßnahmen | Erfassung von Erwartungen & Erleben | Priorisierung von Merkmalen | Einfache Umsetzung in Befragung | Berücksichtigung emotionaler Aspekte | Geeignet für Produkte & Services |
|---|---|---|---|---|---|---|
| Kano-Modell | ☆☆☆☆ | ☆☆ | ☆☆☆☆ | ☆☆☆☆ | ☆☆ | ☆☆☆☆ |
| SERVQUAL | ☆☆☆☆ | ☆☆☆☆ | ☆☆☆ | ☆☆☆ | ☆☆☆ | ☆☆☆☆ |
| CSM (Confirmation-Disconfirmation) | ☆☆☆ | ☆☆☆☆ | ☆☆ | ☆☆☆ | ☆☆ | ☆☆☆ |
| Customer Experience (CX) | ☆☆☆☆ | ☆☆☆☆ | ☆☆ | ☆☆ | ☆☆☆☆ | ☆☆☆☆ |
| Expectancy-Value-Modell | ☆☆☆ | ☆☆☆☆ | ☆☆☆☆ | ☆☆ | ☆☆ | ☆☆☆ |
| TAM (Technologieakzeptanz) | ☆☆ | ☆☆ | ☆☆ | ☆☆☆ | ☆ | ☆☆ |

Die Wichtigkeits-Zufriedenheits-Matrix als Spezifikation des Expectancy Value Modells rangiert auf Platz 5, insbesondere weil sie bei den ausgewählten Kriterien „Ableitung konkreter Maßnahmen" und „einfache Umsetzung" von der KI schlechter bewertet wird als das Kano-Modell. Beides trifft für die praktische Anwendung nicht zu. So ist aus der Darstellung der Modelle in Abschn. 5.2 und 5.3 ersichtlich, dass beide Modelle in sehr ähnlicher Weise das Ableiten konkreter Maßnahmen erlauben. Die Umsetzung ist beim Kano Modell, entgegen der Tabelle von ChatGPT, aufgrund komplexerer Fragestellungen und Auswertungen sogar noch aufwendiger als bei der Wichtigkeits-Zufriedenheits-Matrix.

Es birgt somit eine gewisse Gefahr, sich an dieser Stelle alleinig auf die Empfehlung der KI zu verlassen. Um eine fundierte Entscheidung treffen zu können, ist ausführliches Wissen über die Modelle erforderlich. Ein weiterer Prompt *„Bitte stelle das Kano Modell detailliert dar. Wie wird es umgesetzt, wie werden Fragen formuliert, wie werden Handlungsempfehlungen abgeleitet."* liefert eine gute Darstellung des Kano Modells analog zu Abschn. 5.2.

Weitere KI-Unterstützung kann bei der Konzeption einer internationalen Marktforschung wie in Abschn. 5.4.2 geschildert herangezogen werden. Der Prompt lautet: *„Die Nutzer dieser Wohnmobile leben in vielen Ländern in Europa und USA. Was ist bei der Konzeption der Marktforschung zu berücksichtigen, wenn die Analyse nicht nur in Deutschland, sondern in den genannten Ländern stattfindet."* Dieser liefert einen hilfreichen Überblick über zentrale Kriterien, die bei internationalen Marktforschungsprojekten zu beachten sind – darunter etwa sprachliche und kulturelle Anpassungen sowie die Verwendung landestypischer Skalen und Maßeinheiten. Bei Letzterem werden jedoch ausschließlich objektive Maßeinheiten wie Kilometer vs. Meilen berücksichtigt, nicht aber subjektive Bewertungsskalen wie Schulnoten, die für die Messung von Einschätzungen relevant sind. Insgesamt liefert der Beitrag nützliche Hinweise, bleibt jedoch auf einer eher allgemeinen Ebene und ist noch nicht direkt auf die praktische Umsetzung übertragbar.

Die geschilderten Beispiele sind typisch, sodass als Fazit zum Nutzen der KI für den wichtigen Schritt der Konzeption der Marktforschung festzustellen ist:

- KI ist gut einsetzbar, um einen Überblick über die Eckpunkte der Konzeption wie z. B. potenziell geeignete Modelle oder internationale Besonderheiten zu erhalten.
- Auf konkrete, eigenständige Vorschläge, z. B. des geeignetsten Modells, ist aktuell eingeschränkt Verlass.
- Für die sichere Auswahl geeigneter Maßnahmen (z. B. auf Basis eines Modells der Kundenzufriedenheit) liefert KI in hinreichendem Umfang und Qualität Informationen.

KI stellt den kreativen Input für die Konzeption der Marktforschung, z. B. über Modelle sowie deren Eigenschaften, bereit. Sie kann bei der finalen Auswahl unterstützen, jedoch nicht final zuverlässig entscheiden.

---

**Ihr Transfer in die Praxis**

- Formulieren Sie spezifische Fragen – was genau ist zu erforschen?
- Machen Sie sich klar, wie mögliche Antworten aus der Marktforschung Ihr Unternehmen weiterbringen – warum ist etwas zu erforschen?
- Vergewissern Sie sich der groben Hintergründe Ihres Marktforschungsthemas, z. B. der Kundenzufriedenheit. Nutzen Sie insbesondere hier KI-Unterstützung.
- Stellen Sie bereits vorhandene Informationen zusammen.
- Definieren Sie grob den Ablauf der gesamten Marktforschung und identifizieren Sie für Ihr Unternehmen mögliche kritische Prozessanforderungen.
- Identifizieren Sie bei internationalen Marktforschungsprojekten daraus resultierende Herausforderungen und den richtigen Umgang damit.

---

# Literatur

Bruhn, M. (2019): Qualitätsmanagement für Dienstleistungen – Handbuch für ein erfolgreiches Qualitätsmanagement. Grundlagen – Konzepte – Methoden, 11. Aufl., Springer Gabler Wiesbaden.

Dobbelstein, T. & Brylla, T. (2010): Beeinflusst Praxisdesign die Patientenzufriedenheit? In: ZWP spezial, 9 (2010), S. 4-9.

Dobbelstein, T. & Renzing, O. (2009): Die Verbesserung der Arzt-Patienten-Beziehung – eine empirische, maßnahmenorientierte Analyse zur Steigerung von Vertrauen, Patientenzufriedenheit und Patientenbindung, VDM Verlag, Saarbrücken.

Dobbelstein, T. (2001): Beschwerde- und Reklamationsmanagement – Analyse und Maßnahmen dargestellt am Beispiel des Möbelhandels. In: Müller-Hagedorn, L. (Hrsg.): Kundenbindung im Handel, 2. Aufl., Deutscher Fachverlag, Frankfurt am Main, S. 289-320.

Kano, N., Nobuhiku, S., Fumio, T. & Shinichi, T. (1984): Attractive quality and must-be quality. In: Journal of the Japanese Society for Quality Control, 14 (2): 39–48.

Malhotra, NK. (2020): Marketing Research: An Applied Orientation, 7th ed., Pearson.

Sinemus, K., Zielke, S., Dobbelstein, T. (2025): Improving Consumer Satisfaction through Shopping App Features: A Kano-based Approach, Journal of Retailing and Consumer Services, Vol. 85, 104243.

Statista (2025). *Internet weltweit – Statista-Dossier*. Statista. https://de.statista.com/statistik/studie/id/6331/dokument/internet-weltweit-statista-dossier/.

# 6

# Von der Grundgesamtheit zur Stichprobe

**Was Sie aus diesem Kapitel mitnehmen**

- Was ist bei der Festlegung der Grundgesamt/Zielgruppe für die Marktforschung wichtig?
- Wann ist eine Stichprobe erforderlich?
- Welche Möglichkeiten der Stichprobenziehung gibt es? Wie viele Menschen sind zu befragen?
- Wann ist welches Verfahren der Stichprobenziehung geeignet? Wie treffe Ich die Auswahl?
- Welche praktischen Möglichkeiten gibt es, Teilnehmer für eine Marktforschung zu finden?
- Wie kann KI pragmatisch bei der Stichprobendefinition unterstützen?

## 6.1 Bestimmen der Grundgesamtheit

Bei der Grundgesamtheit handelt es sich um diejenige Menge von Objekten, für welche die Marktforschung Gültigkeit besitzen soll. Dies können tatsächliche oder potentielle Kunden, Kundengruppen wie Stammkunden, die Bewohner einer bestimmten Region (z. B. eines

© Der/die Herausgeber bzw. der/die Autor(en), exklusiv lizenziert an Springer Fachmedien Wiesbaden GmbH, ein Teil von Springer Nature 2025
W. Heidig und T. Dobbelstein, *Quick Guide Marktforschung im Mittelstand,* Quick Guide, https://doi.org/10.1007/978-3-658-49205-2_6

Landes oder einer Stadt), Unternehmen einer bestimmten Branche oder bestimmte Zielgruppen (z. B. Senioren) etc. sein. Das Bestimmen bzw. die Definition einer Grundgesamtheit ist nicht richtig oder falsch, sondern lediglich zweckmäßig oder nicht. Sie wird im Wesentlichen durch das mit der Marktforschung verfolgte Ziel bestimmt. Die Bewohner einer Stadt können beispielsweise definiert werden als:

- alle Menschen, die dort mit ihrem Erstwohnsitz gemeldet sind,
- alle Menschen, die dort ihren Lebensmittelpunkt haben, d.h. mindestens 180 Tage im Jahr dort übernachten oder
- alle Menschen, die dort geboren wurden.

Welche dieser Definitionen gewählt wird, hängt vom *Ziel* der Marktforschung ab. Besteht dies in einer Wahlprognose, so wird die Grundgesamtheit zweckmäßigerweise als Menschen mit Erstwohnsitz und mit Wahlberechtigung definiert. Besteht das Ziel darin, eine Umsatzprognose für ein Einzelhandelsgeschäft zu erstellen, ist der Meldeort nicht relevant und die Definition der Grundgesamtheit erfolgt zweckmäßigerweise über den tatsächlichen Lebensmittelpunkt. Ist das Ziel hingegen, eine Studie zur Heimatverbundenheit zu erstellen, orientiert sich die Definition der Grundgesamtheit am ehesten am Geburtsort.

Neben dem Ziel, als wichtigste Bestimmungsgröße der Grundgesamtheit, ist es äußerst wichtig, die Grundgesamtheit *eindeutig* zu bestimmen. Für jeden Menschen auf der Welt muss zweifelsfrei klar sein, ob er zur Grundgesamtheit gehört oder nicht. Dies kann dazu führen, dass weitere Kriterien in die Definition der Grundgesamtheit aufgenommen werden, wie z. B. die Sprache. Ein Unternehmen verkauft z. B. PKWs auf dem deutschen Markt und beabsichtigt, das Image seiner Marke zu analysieren. Es entschließt sich aus Kosten-Nutzen-Überlegungen eine Online-Befragung in deutscher Sprache durchzuführen. Eine zielorientierte und eindeutige Definition der Grundgesamtheit ist in diesem Fall: Menschen, die ihren Lebensmittelpunkt (180 Übernachtungen) in Deutschland haben, einen PKW-Führerschein besitzen, über einen Internetanschluss verfügen und Deutsch sprechen bzw. lesen und schreiben können. Dies ist eine mögliche, eindeutige und zielführende

Beschreibung für diejenigen Menschen, für welche eine sich anschließende Marktforschung Gültigkeit besitzt.

Die folgenden zwei Kapitel gehen darauf ein, wie Sie eine Stichprobe ziehen und Teilnehmer für eine Befragung finden können.

## 6.2    Ziehen der Stichprobe

Eine Stichprobe zu ziehen bedeutet, aus der angestrebten Grundgesamtheit eine Menge von Objekten (z. B. Kunden) in solcher Weise auszuwählen, dass aus diesen ausgewählten Objekten mit der angestrebten Zuverlässigkeit (z. B. repräsentativ) ein Rückschluss auf die Grundgesamtheit erfolgen kann. Dies ist in der Marktforschung oft erforderlich und besonders dann der Fall, wenn die Grundgesamtheit zu groß ist und ihre gesamte Befragung mit zu hohen Kosten verbunden ist und/oder zu lange dauert. Es gibt jedoch auch Fälle, in denen die Befragung großer Grundgesamtheiten ohne hohen Kosten- oder Zeitaufwand erfolgen kann. Besteht die Grundgesamtheit z. B. aus den Besuchern der Webseite eines Onlinehändlers, so kann jeder Besucher der Webseite ohne zusätzliche Kosten über ein Pop-up-Fenster zur Befragung eingeladen werden. Umfasst die Befragung nur geschlossene Fragen zum Anklicken ohne Freitexte, so ist auch der Analyseaufwand weitestgehend unabhängig von der Zahl der Teilnehmer. Ähnliches trifft auf Online-Befragungen zu, bei denen die Teilnehmer (z. B. Kunden) über einen Emailverteiler eingeladen werden.

Neben Kosten und Zeit ist weiterhin zu prüfen, ob die Befragung evtl. negative Auswirkungen auf die Teilnehmer oder deren Beziehung zum Unternehmen hat. Auch in diesem Fall empfiehlt sich, nicht die gesamte Grundgesamtheit zu befragen, sondern lediglich eine ausgewählte Stichprobe, um somit evtl. negative Auswirkungen der Befragung so gering wie möglich zu halten. Dies kann beispielsweise bei Kundenzufriedenheitsbefragungen der Fall sein. Je nach Gestaltung kann eine solche Befragung beim Kunden die Erwartung auslösen, dass seine Meinung gehört und berücksichtigt wird, sich somit etwas zum Guten für ihn verändert. Wird diese Erwartung beim Kunden nicht erfüllt, kann dies zu Unzufriedenheit führen.

Führt die Prüfung von Kosten, Zeit und möglichen negativen Effekten zum Ergebnis, eine Stichprobe zu ziehen, stellen sich zwei Anschlussfragen: Wie wird eine Stichprobe gezogen und wie groß sollte diese sein?

Insbesondere bei der Auswahl der optimalen Stichprobenziehung sind mögliche Fehler entscheidungsrelevant. Mit Fehlern sind hier Umstände gemeint, welche dazu führen, dass die Stichprobe die ursprünglich angestrebte Grundgesamtheit nicht mit der gewünschten Zuverlässigkeit abbildet.

Weil diese Fehler bei der Auswahl eines Verfahrens der Stichprobenziehung zu berücksichtigen sind, werden diese im folgenden Kapitel diskutiert, bevor in ▸ Abschn. 6.2.2 ein Überblick über gängige Methoden und ihre Auswahl gegeben wird.

## 6.2.1 Häufige Fehler bei der Stichprobenziehung

In der praktischen Marktforschung kommt es sehr oft vor, dass es zwischen der ursprünglich angestrebten Grundgesamtheit und der Stichprobe Abweichungen gibt, d.h. dass die Stichprobe die angestrebte Grundgesamtheit nicht genau abbildet. Aus Kosten-Nutzen-Überlegungen, in der Marktforschung oft forschungsökonomische Gründe genannt, ist es nicht immer sinnvoll, alle Abweichungen zu eliminieren. Sehr bedeutsam ist jedoch, dass sich der Marktforscher dieser Fehler bewusst ist, um dann eine fundierte Entscheidung darüber zu treffen, wie bedeutsam diese Fehler für sein konkretes Forschungsziel sind – ob er bereit ist, diese zu akzeptieren oder welcher zeitliche und finanzielle Aufwand gerechtfertigt ist, diese Abweichungen zu eliminieren.

Insgesamt gibt es vier Arten von Abweichungen. Under- und overcoverage 1 beziehen sich auf die grundsätzliche Möglichkeit eines Elements, der Grundgesamtheit in die Stichprobe zu gelangen. Sie behandeln Fälle, bei denen Elemente der Grundgesamtheit grundsätzlich und von vornherein von der Stichprobe ausgeschlossen sind (undercoverage 1) oder Elemente, die in die Stichprobe gelangen können, welche nicht zur Grundgesamtheit gehören und damit nicht in der Stichprobe erwünscht sind (overcoverage 1). Under- und overcoverage 2 behandeln Elemente der Grundgesamtheit, die mit über- bzw. unterdurchschnittlicher Wahrscheinlichkeit in die Stichprobe gelangen. Bei jeder Stichprobenziehung ist kritisch zu reflektieren, welche dieser Fehler auftreten, wie stark negativ ihre Auswirkungen sind und ob sie akzeptabel sind oder nicht. ◉ Abb. 6.1 gibt einen schematischen Überblick über die genannten möglichen Abweichungen (Schnell et al. 2018). Wegen ihrer hohen Bedeutung werden sie im Folgenden an einem zusammenhängen Beispiel detailliert erläutert.

Eine regionale Partei beabsichtigt, ihr Image in ihrem Heimatlandkreis zu analysieren. Sie definiert die Grundgesamtheit als alle volljährigen Personen, die in diesem Landkreis mit Hauptwohnsitz gemeldet sind. Die Befragung erfolgt telefonisch. Die dazu erforderlichen Telefonnummern wählt die Partei zufällig aus den Telefonverzeichnissen der Städte im Landkreis aus. Die Anrufe erfolgen montags bis freitags zwischen 10 und 17 Uhr. Mit diesem Vorgehen sind folgende bedeutsame

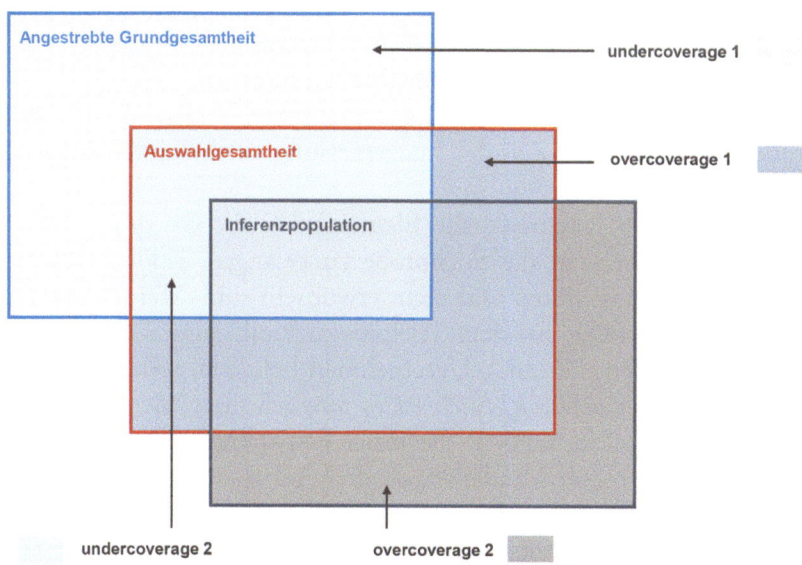

**Abb. 6.1** Fehler bei der Stichprobenziehung

potentielle Fehler, d. h. Abweichungen der Stichprobe von der Grundgesamtheit, verbunden.

*Undercoverage 1* umfasst alle Elemente der Grundgesamtheit, welche grundsätzlich aus der Stichprobe ausgeschlossen werden und gänzlich keine Möglichkeit haben, in diese zu gelangen. Im Beispiel sind dies alle volljährigen Menschen mit Hauptwohnsitz in der Stadt, deren Telefonnummer nicht im Telefonverzeichnis eingetragen ist. Ob der Grund dafür darin besteht, dass sie keinen Anschluss haben oder ihre Festnetzt-/Mobilnummer nicht im Verzeichnis eingetragen ist, ist dafür bedeutungslos. Dieser Fehler ist von hoher Bedeutung. Erstens steigt der Anteil von Menschen ohne Eintrag im Telefonverzeichnis kontinuierlich. 2025 umfasst „Das Telefonbuch" nur ca. 30 Millionen Einträge von Privatpersonen, Unternehmen, Dienstleistern etc. (Telefonbuch. de). Zweitens ist bereits der Besitz eines Festnetzanschlusses zwischen Land und insbesondere Großstadt unterschiedlich. So beträgt er nach letzten verfügbaren Daten des Statistischen Bundesamtes in Orten der Regionsgrößenklasse bis 2000 Einwohner ca. 76% – in solchen ab 500.000 Einwohnern nur noch 66% (Arbeitsgruppe Regionale Standards 2019, S. 58–59). Drittens besteht eine Abhängigkeit vom Alter, bei älteren Menschen ist der Anteil mit Eintrag im Telefonverzeichnis deutlich höher als bei jüngeren. Im Beispiel führt somit bereits das undercoverage 1 zu einer deutlichen systematischen Verzerrung der Stichprobe, welche auf das Ziel der Imagemessung einen starken negativen Einfluss hat.

*Overcoverage 1* beschreibt alle Elemente, welche die grundsätzliche Möglichkeit haben, in die Stichprobe zu gelangen, jedoch nicht zur Grundgesamtheit gehören und nicht erwünscht sind. Werden die Telefonnummern zufällig aus dem Telefonverzeichnis ausgewählt, so können sich darunter z. B. auch Unternehmen befinden, welche nicht zur Grundgesamtheit gehören. Auch ist es möglich, dass Menschen (z. B. Studierende) erreicht werden, die ihren Erstwohnsitz nicht im Landkreis haben oder dass Minderjährige den Anruf entgegennehmen. Im Gegensatz zum undercoverage 1 ist overcoverage 1 behebbar, indem zentrale Eigenschaften der Grundgesamtheit wie Privathaushalt, Alter und Wohnsitz zu Beginn des Telefonates bei Bedarf abgefragt werden.

*Undercoverage 2* bezeichnet Elemente der Grundgesamtheit, welche eine unterdurchschnittliche Wahrscheinlichkeit besitzen, in die Stichprobe zu gelangen. Menschen, die während der Anrufzeiten von 10 bis 17 Uhr öfter und länger zu Hause sind, haben eine höhere Wahrscheinlichkeit erreicht zu werden. Sie gelangen damit eher die Stichprobe als Personen, die zu diesen Zeiten seltener oder nicht zu Hause sind. Zwar ist der Anteil im Beispiel nur grob abschätzbar, jedoch ist offensichtlich, dass ein systematischer Fehler begangen wird, da Rentner, Hausfrauen und -männer, Erwerbslose, Menschen in Elternzeit etc. mit höherer Wahrscheinlichkeit erreichbar sind als zu den Telefonzeiten Berufstätige. Im Hinblick auf das Ziel der Imagemessung dürfte auch dieser Fehler einen solch hohen negativen Einfluss haben, dass er nicht akzeptabel ist.

*Overcoverage 2* bezeichnet analog Elemente der Grundgesamtheit mit einer höheren Wahrscheinlichkeit, in die Stichprobe zu gelangen. Neben den, analog zum undercoverage 2, erwähnten Gruppen gehören dazu auch Haushalte, die mit mehr als einer Telefonnummer im Verzeichnis eingetragen sind und damit eine höhere Wahrscheinlichkeit haben, zufällig ausgewählt zu werden. Ebenso betrifft dies große Haushalte, da die Wahrscheinlichkeit, dass eine Person aus einer Großfamilie mit Mutter, Vater, Großeltern und fünf Kindern erreichbar ist, höher ist als bei einem Singlehaushalt. Im Beispiel ist der negative Einfluss des overcoverages 2 analog zum undercoverage 2 zu bewerten und üblicherweise wegen seines systematischen negativen Einflusses auf das Ziel der Imagemessung nicht akzeptabel.

Diese potentiellen Fehler sind bei der nun folgenden Auswahl eines geeigneten Erhebungsverfahren – neben weiteren Faktoren – stets als ein Auswahlkriterium zu diskutieren.

## 6.2.2 Auswahl der Methode zur Stichprobenziehung

Auch die Auswahl einer geeigneten Methode der Stichprobenziehung wird stark durch das Ziel, im Wesentlichen das Anspruchsniveau sowie Kosten-Nutzen-Überlegungen geprägt. ◉ Abb. 6.2 gibt einen Überblick über die wichtigsten Verfahren der Stichprobenziehung. Die zentralen

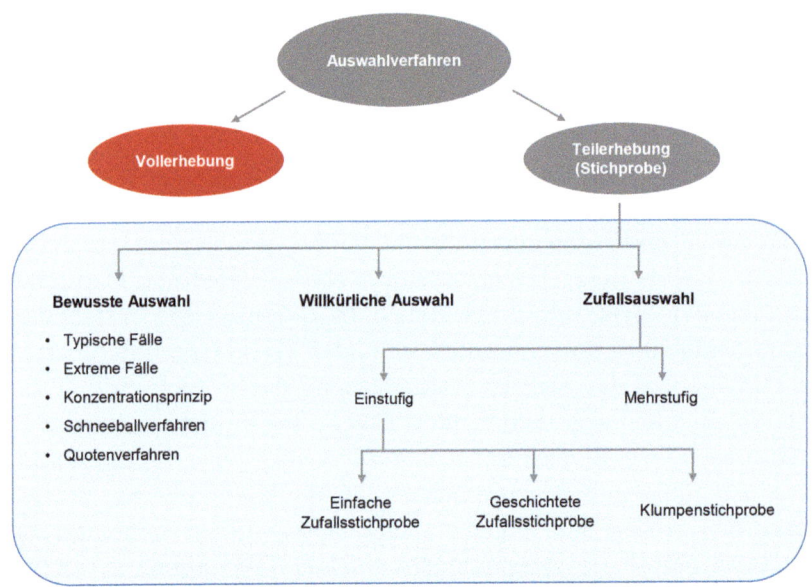

**Abb. 6.2** Methoden der Stichprobenziehung – Ein Überblick

Eigenschaften jeder Methode, die für die Auswahl entscheidend sind, werden im Folgenden vorgestellt.

Die Methoden der Stichprobenziehung werden in drei Hauptgruppen unterschieden: bewusste, willkürliche und zufällige Auswahl.

Die **willkürliche Auswahl** ist eine Stichprobe aufs Geratewohl. Es werden keine systematischen Überlegungen zur Beziehung zwischen der Grundgesamtheit und der Stichprobe angestellt. Im Englischen wird diese Art der Stichprobe als Convenience Sample bezeichnet; bedeutet, es werden Menschen ausgewählt, die problemlos, häufig spontan zu erreichen sind. Selbstverständlich können über diese Art der Stichprobenziehung weder sehr zuverlässige und erst recht keine repräsentativen Rückschlüsse auf die Grundgesamtheit gezogen werden. Die willkürliche Auswahl kann jedoch sehr nützlich sein, um einen ersten schnellen Einblick in den Forschungsgegenstand zu erlangen. Beispielhaft sei die Analyse bestehender und potentieller Kunden einer in Baden-Württemberg und Vorarlberg tätigen Bäckereikette erwähnt. Werden z. B. willkürlich ausgewählte Besucher einer allgemeinen Verbrauchermesse in einer beliebigen Stadt des Verbreitungsgebietes befragt, wo sie ihr Brot kaufen, warum sie es dort kaufen, was ihnen bei der Auswahl einer Bäckerei wichtig ist etc., so kann aus deren Antworten nicht auf das Verhalten und die Bedürfnisse aller Kunden der Bäckereikette geschlossen werden. Jedoch sind die Antworten hilfreich, um einen ersten Einblick in die beim Brotkauf relevanten Zusammenhänge zu erhalten. Wie zuverlässig ein solcher erster Einblick ist, ist im Einzelfall durch den Marktforscher auf Basis seines Hintergrundwissens abzuschätzen.

Ähnliches gilt für die Formen der **bewussten Auswahl** bei der Stichprobenziehung. Zumeist auf Expertenwissen basierend wählt der Forscher nach bestimmten Kriterien bewusst Fälle aus, z. B. gezielt Kunden und Nicht-Kunden einer Marke. In der Regel liefern diese keine repräsentativen Ergebnisse, haben jedoch eine deutlich höhere Zuverlässigkeit als eine willkürliche Stichprobe.

Bei der Stichprobe über *typische Fälle* konzentriert sich die Auswahl, wie der Name sagt, auf typische Vertreter der Grundgesamtheit. Nehmen wir an, ein typischer Kunde meines Produktes, z. B. Wohnmobile, sind Menschen nach dem Ausstieg aus dem Berufsleben oberhalb einer gewissen Einkommensgrenze. In vielen Fällen, beispielsweise beim Test neuer Modelle oder Grundrisse, ist es völlig ausreichend, sich in einem ersten Schritt auf typische Kunden zu konzentrieren und keinen weiteren Aufwand bei der Stichprobenziehung zu betreiben. Finden neue Ideen bei typischen Kunden keinen Zuspruch, ist die Meinung weiterer Kundengruppen oft von geringerer Relevanz und braucht nicht analysiert zu werden.

Eine Stichprobe über *extreme Fälle* bedeutet die Auswahl von Elementen der Grundgesamtheit, die im Hinblick auf den zu analysierenden Sachverhalt sehr starke, eben extreme Ausprägungen zeigen. Diese Form der Stichprobenziehung wird häufig zur Sammlung erster fundierter Einblicke als Basis für weitere Analysen herangezogen. Besteht das Ziel z. B. einer Verbesserung der Kundenzufriedenheit, so kann es hilfreich sein, besonders unzufriedene (sich beschwerende oder auf sozialen Medien negativ äußernde) Kunden in einem ersten Schritt auszuwählen und die Ergebnisse als Basis für die Entwicklung einer breiter aufgestellten Kundenanalyse zu verwenden.

Im Rahmen des *Konzentrationsprinzips* erfolgt die Ziehung der Stichprobe durch Auswahl und Konzentration hinsichtlich bestimmter Kriterien besonders bedeutsamer Elemente der Grundgesamtheit. Beispielhaft sei wieder die Kundenzufriedenheitsanalyse erwähnt. Werden 80 % des Ertrages mit 20 % der Kunden erzielt, so kann es empfehlenswert sein, sich im Rahmen einer Kundenzufriedenheitsanalyse und entsprechender daraus abzuleitender Maßnahmen, auf die 20 % der Topkunden zu konzentrieren und lediglich diese in die Stichprobe aufzunehmen. Die Ergebnisse sind in diesem Fall nicht repräsentativ für alle Kunden, dies ist jedoch auch nicht relevant bzw. für den verfolgten Zweck nicht angestrebt.

Beim *Schneeballverfahren* beginnt die Stichprobe mit der willkürlichen Auswahl einiger weniger Element der Grundgesamtheit. Diese werden zumeist am Ende der Befragung gebeten, weitere Mitglieder der Grundgesamtheit zu benennen, welche – teilweise nach erfolgter Eignungsprüfung – ebenfalls zur Befragung eingeladen und bei Zustimmung in die Stichprobe aufgenommen werden. Diese Form der Stichprobenziehung hat den Nachteil, dass die Zusammensetzung der Stichprobe unter Umständen schwer zu kontrollieren und nicht mit der Grundgesamtheit vergleichbar ist. Besteht die Zielgruppe aus Privatpersonen, so zeigt sie oft eine gewisse Homogenität, da soziale Kontakte sehr häufig innerhalb ähnlicher sozialer Schichten stattfinden. Anwendung findet diese Art der Stichprobenziehung zumeist im B2B-Umfeld. Typisches Beispiel ist das Recruiting von bestimmten Expertengruppen, die über andere Wege nur deutlich schwerer zu identifizieren sind. Auch diesem Vorgehen liegt die Annahme zugrunde, dass Experten innerhalb eines Fachgebietes sich gegenseitig kennen oder zumindest Kenntnis voneinander haben. In Expertenbefragungen zur Zukunftsprognose ist das Schneeballverfahren fester Bestandteil des Prozesses.

Das *Quotenverfahren* ist das komplexeste innerhalb der bewussten Auswahlverfahren. Es besteht aus drei Hauptschritten. In der ersten Phase werden Kriterien festgelegt, welche für den Analysegegenstand relevant sind. Die zentrale Frage lautet, welche Eigenschaften der Grundgesamtheit beeinflussen das in der Marktforschung analysierte

Verhalten. Ist der Analysegegenstand beispielsweise der Kauf eines Neuwagens, so können Alter und Einkommen einen Einfluss hierauf haben. In der zweiten Phase wird geprüft, ob Sekundärdaten für die gesamte Grundgesamtheit im Hinblick auf diese relevanten Kriterien vorliegen. Im Beispielfall ist somit die Zusammensetzung der deutschen Bevölkerung nach Einkommen und Alter zu ermitteln. Liegen keine Sekundärdaten vor, kann das Verfahren nicht angewendet werden. Sind sie verfügbar, so werden entsprechend ihrer Verteilung Quoten vorgegeben. Dabei wird zwischen einfachen und gekreuzten Quoten unterschieden. Einfache Quoten beziehen sich jeweils auf ein Kriterium, z. B. 17 % der deutschen volljährigen Bevölkerung sind zwischen 19 und 29 Jahre; 30 % zwischen 30 und 49 Jahre etc. Bei gekreuzten Quoten werden entsprechende Sekundärdaten für kombinierte Kriterien gesucht, z. B. der Prozentsatz der deutschen volljährigen Bevölkerung zwischen 19 und 29 Jahre, der ein Haushaltsnettoeinkommen zwischen 1500 < 2600 EUR hat. Solche gekreuzten Strukturdaten sind in der Praxis in der Regel seltener verfügbar als einfache Quoten. Umfangreiche und zuverlässige Quellen sind das statistische Amt der Bundesrepublik Deutschland (destatis) und der Europäischen Union (eurostat). Neben der Datenverfügbarkeit besteht eine weitere Herausforderung der Quotenstichprobe darin, die richtigen Kriterien für die Quotierung zu finden. Werden wirklich alle wesentlichen verhaltensrelevanten Kriterien berücksichtig? Im genannten Autokaufbeispiel findet das Geschlecht keine Berücksichtigung bei der Quotierung. Es ist somit möglich, dass nur oder überproportional viele Frauen oder Männer befragt werden, was das Risiko falscher Schlussfolgerungen birgt, wenn das Geschlecht ebenfalls Auswirkungen auf den Autokauf hat. Die zusätzliche Aufnahme weiterer Kriterien, hier des Geschlechtes, macht die Quotenbildung und ihre Erfüllung hingegen komplexer und reduziert insbesondere bei gekreuzten Quoten die Verfügbarkeit von Sekundardaten. Da verhaltensrelevante Kriterien im B2C-Bereich häufig deutlich komplexer sind als im B2B-Bereich, wird die Quotenstichprobe im B2B-Umfeld häufiger eingesetzt. In der dritten Stufe werden die ermittelten Quoten schließlich als Vorgabe für die Stichprobe festgelegt, sodass die Struktur der Stichprobe die entsprechenden Quoten erfüllt. Weitere Vorschriften, wie dies zu erreichen ist, bestehen nicht. Kann sichergestellt werden, dass die verwendeten Quotierungsmerkmale tatsächlich die für das analysierte Verhalten maßgeblichen Kriterien sind, so wird dies in der Praxis üblicherweise als erfüllte Voraussetzung für repräsentative Ergebnisse angesehen.

Der Königsweg zum Erhalt repräsentativer Ergebnisse ist die **Zufallsstichprobe.** Zentrales Kennzeichen einer Zufallsstichprobe ist, dass jedes Element der Grundgesamtheit eine identische, von Null verschiedene Wahrscheinlichkeit hat, in die Stichprobe zu gelangen. Ist eine Liste der Grundgesamtheit vorhanden, z. B. eine Liste aller Kunden oder aller Besucher einer Webseite, so ist die Zufallsstichprobe einfach umsetzen, indem etwa über den Excel-Zufallsgenerator eine zufällige Auswahl vorgenommen wird oder über eine Online-Befragungssoftware jeder x-te Besucher der Webseite zur Befragung eingeladen wird. Ist eine solche Liste nicht verfügbar, ist entweder auf spezielle Verfahren, wie die weiter unten in diesem Kapitel geschilderte Klumpenstichprobe, zurückzugreifen oder Einschränkungen der Repräsentativität (siehe under- und overcoverage) zu akzeptieren.

Bei einer *einfachen Zufallsstichprobe* werden mit dem beschriebenen Verfahren zufällig Mitglieder der Grundgesamtheit ausgewählt und zur Befragung eingeladen. Bei einer *Klumpenstichprobe* wird die Grundgesamtheit zunächst in Untergruppen, d. h. Klumpen aufgeteilt. Im zweiten Schritt werden einige Klumpen ausgewählt und alle Mitglieder der ausgewählten Klumpen in die Befragung aufgenommen. In welcher Weise diese Klumpen zu bilden und wie viele erforderlich sind, um repräsentative Ergebnisse zu erhalten, sei spezialisierten Statistikbüchern vorbehalten. Ein Beispiel für die praktische Anwendung ist die Einteilung einer Stadt in Straßenabschnitte von Kreuzung zu Kreuzung, die zufällige Auswahl einiger Straßenabschnitte und die Befragung aller Menschen, welche in diesen Straßenabschnitten wohnen.

Der große Vorteil einer Zufallsstichprobe besteht im Vergleich zu den Verfahren der bewussten Auswahl darin, dass im Vorfeld der Stichprobenziehung keinerlei Wissen über die Grundgesamtheit und deren Struktur erforderlich ist und sie dennoch repräsentative Ergebnisse erlaubt. Wird die beschriebene Vorgabe der zufälligen Auswahl eingehalten und ist die Stichprobe hinreichend groß, so wird die Struktur der Stichprobe die Struktur der Grundgesamtheit widerspiegeln. Sind in der Grundgesamtheit z. B. 50 % Frauen, so werden auch in der Stichprobe ca. 50 % Frauen sein. Ca. 50% deshalb, weil neben der Art der Auswahl, d.h. der Stichprobenziehung, auch die Größe einer Stichprobe Einfluss auf die Zuverlässigkeit der Ergebnisse hat.

Bei der Auswahl eines geeigneten Stichprobenverfahrens sollten Sie sich zunächst die Frage stellen, ob Sie repräsentative Ergebnisse benötigen. Ist dies der Fall, bleibt die Wahl zwischen der Zufallsstichprobe und unter bestimmten Bedingungen der Quotenstichprobe.

Prüfen Sie weiterhin, inwieweit die Voraussetzungen für beide Verfahren vollständig oder teilweise erfüllt sind und welche under- und overcoverage-Fehler Sie begehen, weil z. B. keine vollständige Liste der Grundgesamtheit zur Verfügung steht. Stellen Sie evtl. Verletzungen der Voraussetzungen gegenüber und bewerten Sie vor dem Hintergrund Ihrer Ziele und Kosten Ihre Bereitschaft, diese zu akzeptieren. So wird z. B. eine bei Online-Bevölkerungsbefragungen vorhandene Unterrepräsentanz älterer Menschen für ein Bergsteigergeschäft eher akzeptabel sein als für einen Sanitätsfachhändler. Werden keine repräsentativen Ergebnisse benötigt (wie bei qualitativen Verfahren), bieten sich die Verfahren der bewussten Auswahl an. Auch innerhalb dieser bestimmen Ziel, Kosten und Zugang zur Grundgesamtheit die Auswahl. Für einen ersten explorativen Einblick in die Kundenmeinungen ist häufig die Auswahl typischer Fälle hinreichend, während sich für eine fundierte Entscheidungsfindung insbesondere im B2B-Bereich öfter das Konzentrationsprinzip anbietet.

## 6.2.3 Bestimmen der Stichprobengröße

Die Größe einer Stichprobe ist ein komplexes Thema und hängt von vielen Faktoren ab. Es ist zwischen der statistisch korrekten Vorgehensweise zur Ermittlung der erforderlichen Stichprobengröße und einer pragmatischen annäherungsweisen Lösung für den Praktiker ohne erforderliches tieferes statistisches Hintergrundwissen, zu unterscheiden. Die Stichprobengröße hängt unter anderem davon an, welche Eigenschaften der Grundgesamtheit zu analysieren sind. Ist lediglich die

Verteilung bestimmter Kriterien von Interesse (z. B. wie viel Prozent meiner Kunden haben welches Geschlecht, fallen in welche Altersklasse etc.) oder sind weitere statistische Kennzahlen (z. B. durchschnittliche Zufriedenheiten einzelner Kundengruppen mit bestimmten Kriterien) zu analysieren. Die folgenden Ausführungen orientieren sich an Letzterem. Erstens werden in der Praxis häufig Ergebnisse dieser Art benötigt, zweitens stellen sie etwas höhere Anforderungen an die Stichprobengröße, sodass der Anwender in jedem Fall eine hinreichende Stichprobengröße ermittelt und auf der methodisch sicheren und zuverlässigen Seite ist.

Ein weit verbreitetes Missverständnis ist, die Größe der Stichprobe hänge von der Größe der Grundgesamtheit ab, d.h. z. B. wie viele Bewohner einer Stadt zu befragen sind, hänge von der Anzahl der Bewohner der Stadt ab. Statistisch stimmt dies für sehr kleine und sehr große Grundgesamtheiten. Für die praktische Anwendung ist es nicht relevant, da für sehr kleine Grundgesamtheiten eine Stichprobe nicht erforderlich ist, sondern die gesamte Grundgesamtheit befragt werden kann. Für sehr große Grundgesamtheiten ergibt sich in der Regel nur ein Unterschied von einigen wenigen (<10) mehr oder weniger zu befragenden Personen, welcher für die praktische Anwendung nicht relevant ist.

Es ist nicht die Größe, sondern die Ähnlichkeit, die Homogenität einer Grundgesamtheit, welche einen entscheidenden Einfluss auf die Größe der Stichprobe hat. Ist zu ermitteln, wie hoch die durchschnittlichen Ausgaben der Haushalte einer Stadt für Müllgebühren sind und ist bekannt, dass alle Haushalte die identische Gebühr bezahlen, so ist nur ein Haushalt zu befragen. Hängt die Müllgebühr hingegen z. B. von der Haushaltsgröße ab und beträgt sie z. B. für einen 1-Personen Haushalt 80 EUR, für einen 2-Personen Haushalt 150 EUR, einen 3-Personen Haushalt 220 EUR und ab 4 Personen 270 EUR, so ist bereits eine größere Stichprobe erforderlich, um die durchschnittliche Müllgebühr zu ermitteln. Sind die Müllgebühren noch unterschiedlicher, weil sie z. B. ähnlich wie eine Steuer prozentual vom Einkommen erhoben werden und zwischen 0 EUR für niedrige Einkommen und 350 EUR für hohe Einkommen betragen, ist wegen der größeren Unterschiedlichkeit die Stichprobe noch weiter zu erhöhen.

Die folgenden Ausführungen richten sich an Leser mit statistischem Interesse. Sie können auch bis zur Angabe einer pragmatischen Stichprobengröße am Ende dieses Kapitels übersprungen werden.

**Hintergrund Information**

In die rechnerische Ermittlung des Stichprobenumfangs gehen unterschiedliche Werte ein. Die Homogenität bzw. die Standardabweichung wird in der Statistik über Sigma ($\Sigma$) ausgedrückt. Stark vereinfacht – und statistisch nicht 100 % richtig – handelt es sich dabei um die durchschnittliche Abweichung aller einzelnen Werte vom Mittelwert (nähere Erläuterungen dazu in Kap. 9). Weitere Einflussgrößen sind die Wahrscheinlichkeit, mit welcher eine statistisch zuverlässige Aussage über die Grundgesamtheit getroffen werden soll, sowie der absolut zulässige Fehler bei der Schätzung eines Parameters, z. B. des Mittelwertes. Als gängige Wahrscheinlichkeiten für die Zuverlässigkeit einer Aussage werden in der Marktforschung zumeist 95 % oder 99 % verwendet. Der zulässige absolute Fehler hat die gleiche Einheit wie die zu bestimmende Größe. Ist z. B. das durchschnittliche Einkommen in der Grundgesamtheit von Interesse, so hat der Marktforscher festzulegen, wie genau er dieses ermitteln möchte und kann z. B. bestimmen, dass er eine Abweichung seiner Schätzung aus der Marktforschung vom wirklichen Mittelwert in der Grundgesamtheit von +/− 50 Euro zulässt. Ist die durchschnittliche Zufriedenheit aller Kunden von Interesse und wird diese auf einer 5'er Schulnotenskala gemessen, wird häufig ein zulässiger Schätzfehler von 0,1 vorgegeben. Während der zulässige Fehler und die Sicherheitswahrscheinlichkeit vom Marktforscher selbst bestimmt werden, ist die Festlegung der Standardabweichung schwieriger. Wird eine Marktforschung durchgeführt, um z. B. die durchschnittliche Kundenzufriedenheit zu ermitteln, so wird die Zufriedenheit im Vorfeld nicht bekannt sein. Ist jedoch der Mittelwert nicht bekannt, so wird auch die durchschnittliche Abweichung vom Mittelwert nicht bekannt sein. In der Praxis gibt es verschiedene Möglichkeiten hiermit umzugehen und die Standardabweichung zu schätzen. Eine davon ist, dass evtl. Vergleichswerte aus anderen Studien zur Verfügung stehen, z. B. aus einer ähnlichen Kundenzufriedenheitsanalyse. Eine andere Möglichkeit ist, eine kleine Vorabbefragung von ca. 30 Personen durchzuführen und darauf basierend die Standardabweichung zu schätzen. Eine dritte Möglichkeit schließlich sind Erfahrungswerte. Wird z. B. die Kundenzufriedenheit auf einer 5'er Skala analog zu Schulnoten gemessen, so liegt die Standardabweichung in sehr vielen Fällen zwischen 0,9 und 1,1 – unabhängig davon, ob die durchschnittliche Zufriedenheit bei z. B. 2 oder 4 liegt. Der

Wert 1 hat sich bei einer solchen Skala in der Praxis als guter Schätzer für die Standardabweichung herausgestellt.

Diese drei Determinanten – Standardabweichung, Sicherheitswahrscheinlichkeit und akzeptierter Fehler sind in die in ⊙ Abb. 6.3 dargestellte Formel einzugeben. Die Wahrscheinlichkeit kann jedoch leider nicht direkt eingegeben werden, sondern ist zunächst in einen sogenannten Z-Wert zu überführen. Dieser liegt für 95 % bei 1,96 und für 99 % bei 2,58.

Werden in der Praxis gängige Werte von 95% Sicherheitswahrscheinlichkeit und – für die klassische 5'er Zufriedenheitsskala – eine Standardabweichung von 1 sowie ein zulässiger absoluter Fehler für die zu ermittelnde durchschnittliche Zufriedenheit von 0,1 zugrunde gelegt, so ergibt sich eine Stichprobengröße von 385.

> Daraus ergibt sich: Ein Wert von 400 ist für die klassische Zufriedenheitsanalyse oftmals ein guter Näherungswert für die Größe einer Stichprobe. Dieser Wert gilt für die jeweils betrachtete Analyseeinheit. In unserem Fall also dann, wenn die durchschnittliche Zufriedenheit über alle Kunden zu ermitteln ist.

Ist hingegen die durchschnittliche Zufriedenheit für bestimmte Kundensegmente zu ermitteln, z. B. männliche und weibliche, ältere oder

Beispiel Mittelwert (unter Vernachlässigung eines evtl. Korrekturfaktors)

$$n = \frac{s^2 * Z^2}{E^2}$$

**n** = Stichprobenumfang

**s** = Standardabweichung der Grundgesamtheit

**Z** = Zuverlässigkeitswahrscheinlichkeit

    (Wert der standardnormalverteilten Zufallsvariable zum jeweiligen Signifikanzniveau)

**E** = zulässiger Fehler

**Abb. 6.3** Berechnung der Stichprobengröße

jüngere Kunden, so ist diese Stichprobengröße für jede einzelne interessierende Kundengruppe sicher zu stellen. Sind beispielsweise die Zufriedenheiten von 3 Altersgruppen miteinander zu vergleichen, so ist eine Stichprobengröße von 3 * 400, mithin 1200 Personen erforderlich.

Zu beachten ist, dass häufig nicht alle zu einer Marktforschung eingeladenen Personen auch an dieser teilnehmen. Die Teilnahmebereitschaft hängt in entscheidender Weise z. B. vom Interesse des Eingeladenen am Thema, von seiner Beziehung zum Unternehmen oder einer möglichen Incentivierung ab und zeigt eine beträchtliche Spannweite. Bei allgemeinen Bevölkerungsbefragungen zu einem wenig spannenden Thema ohne besondere Incentivierung liegt die Beteiligung oftmals nur bei 1 % oder 2 %. Bei Kundenzufriedenheitsbefragungen hat die Art der Kundenbeziehung einen starken Einfluss. Ist die Beziehung zum Produkt und/oder Unternehmen eher lose und schwach kann mit Beteiligungsquoten von 5 bis 10 % gerechnet werden. Besteht eine enge intensive Kundenbeziehung, z. B. im B2B-Bereich, werden nicht selten auch Beteiligungsquoten von 50% und mehr erreicht.

## 6.3  Marktforschungsteilnehmer finden

Neben der theoretischen Bestimmung der Stichprobe und deren Größe sollte sich das marktforschende Unternehmen rechtzeitig Gedanken darum machen, wie und wo mögliche Studienteilnehmer rekrutiert werden können. Neben der eigentlichen Motivation, die in ▸ Abschn. 7.2 im Detail beschrieben wird, geht es darum, die Kanäle und Tools auszuwählen, über die eine Stichprobe rekrutiert werden kann.

Grundsätzlich kommen für die Suche und Rekrutierung von Studienteilnehmern folgende Möglichkeiten in Betracht:

a. **Nutzung von Paneldienstleistern:** Dabei handelt es sich um Unternehmen, die einen nationalen oder internationalen Pool an registrierten Personen vorhalten, die sich bereit erklärt haben, in regelmäßigen Abständen an (Online-)Umfragen teilzunehmen. Die Kosten für die Nutzung eines (Online-)Panels variieren mit den Selektionskriterien und der Größe der Stichprobe sowie dem Umfang der Marktforschungsstudie. Die Mitglieder des Panels sind teilweise geübte Marktforschungsteilnehmer, was augenscheinlich einige Vor- wie auch Nachteile mit sich bringt. Einige Anbieter erlauben jedoch auch die Auswahl nur solcher Teilnehmer, welche in einem bestimmten Zeitraum – üblich sind oft sechs Monate – generell nicht an einer Befragung oder an keiner Befragung zu einem ähnlichen Thema teilgenommen haben. Gerade Online-Panels erlauben dem durchführenden Unternehmen kurze und flexible Umsetzungszeiten und das schnelle Erreichen möglicher Quotierungskriterien. Da bezahlte Teilnehmer eines Online-Panels jedoch nicht notwendigerweise die Grundgesamtheit darstellen, stellt sich bei der Nutzung einer derart konstruierten Stichprobe durchaus die Frage nach der Repräsentativität. Nichtsdestotrotz erfreuen sich Online-Panels in den letzten Jahren gerade bei kleineren und mittleren Unternehmen großer Beliebtheit – auch oder gerade wegen der geklärten Rechtslage im Sinne der DSGVO. Eine Übersicht unterschiedlicher Panelanbieter im deutschsprachigen Raum findet sich auf den Seiten des BVM Berufsverband Deutscher Markt- und Sozialforscher e. V. (https://marktforschungsanbieter.de) oder von marktforschung.de (https://www.marktforschung.de/anbieter/panels).

b. **Nutzung der eigenen Kundendaten:** Für viele Unternehmen ist es von besonderer Bedeutung nicht nur irgendwelche Kunden, sondern die eigenen Kunden zu befragen. Dies ist vor allem dann der Fall, wenn es um Themen der Kundenzufriedenheit geht. Verfügt das Unternehmen über Adressdaten der eigenen Kunden, ist dies jedoch nicht gleichbedeutend mit der Möglichkeit, diese Daten auch für Marktforschungszwecke nutzen zu können. Der Grat, ab wann eine Marktforschungsstudie ein berechtigtes Forschungsinteresse des Unternehmens darstellt und ab wann es sich dabei um Werbung handelt, ist schmal. In einem jüngeren Urteil des Bundesgerichtshofs wurde z. B. entschieden: „Eine Kundenzufriedenheitsbefragung in einer E-Mail fällt auch dann unter den Begriff der (Direkt-)Werbung, wenn mit der E-Mail die Übersendung einer Rechnung für ein zuvor gekauftes Produkt erfolgt." (BGH-Urteil vom 10.07.2018,

Az.VI ZR 225/17). Die Bedingungen, unter denen ein elektronischer Versand von Zufriedenheitsbefragungen erlaubt ist, regelt neben der DSGVO auch §7 UWG. Diese sollten im Einzelfall vorab juristisch geklärt werden. Haben Ihre Kunden im Rahmen eines Double-Opt-In-Verfahrens der Verwendung ihrer Emailadresse für Werbezwecke zugestimmt, so kann diese auch für die Marktforschung verwendet werden. Beim Double-Opt-In teilt ein Konsument seine Emailadresse einem Unternehmen mit und muss die im Anschluss vom Unternehmen erhaltene Email und die darin wiederholten Bedingungen nochmals bestätigen. Eine rechtlich einfachere Möglichkeit besteht darin, Bestandskunden per klassischem Brief zu einer Kundenbefragung einzuladen. Die eigentliche Datenerhebung kann per beigelegtem Fragebogen mit Rückumschlag und auch per aufgedrucktem QR-Code oder Internetadresse der Befragung erfolgen.

Im B2B-Bereich ist die Einladung zu einer Umfrage per klassischem Brief für bestehende Kunden oder solche Kunden, deren Adressen aus allgemeinen Quellen zugänglich sind, bis auf einige spezielle Ausnahmefälle in der Regel problemlos möglich.

c. **Einbettung in Social Media:** Eine schnelle und günstige Variante Teilnehmer für Onlineumfragen in Echtzeit zu generieren, ist die Einbettung des Umfragelinks in das eigene Social-Media-Profil. Die User des Unternehmensprofils können selber entscheiden, ob und wann sie an der Umfrage teilnehmen. Darin lässt sich auch die größte Schwäche dieses Vorgehens erkennen: es kommt vor allem zu einer Positiv- und teilweise auch Negativselektion der Teilnehmer. Kritische und begeisterte User werden eher an der Umfrage teilnehmen, als die Durchschnittsnutzer. Ein repräsentatives Meinungsbild kann dadurch eingeschränkt werden.

Alternativ kann die Einladung als bezahlter Link auf Social-Media-Plattformen, wie z. B. Facebook, eingebunden werden. Hier ist es auch möglich, gezielt bestimmte Personengruppen anzusprechen. Je nach Plattform werden auch sehr spezielle Selektionen angeboten, z. B. Nutzer der Plattform, welche sich für Hunde interessieren oder in den letzten 3 Monaten mindestens einmal Hundebedarf online gekauft haben.

d. **Kauf oder Miete von Adressen** bei Adressbrokern kann vor allem bei speziellen Zielgruppen von Vorteil sein. Die entsprechenden Anbieter haben die Adressen für den Mietenden rechtssicher gesammelt und stellen diese entsprechend auch für Marktforschungszwecke zur Verfügung. Auch hier können Kriterien vorgegeben werden, z. B. Landwirte mit mindesten 70 ha Ackerfläche. Die Preise zeigen sehr große Unterschiede. Dies ist abhängig von der Spezifikation der Adressen sowie der Art der Nutzung. Diese kann von der einmaligen Verwendung bis hin zur beliebig häufigen Nutzung innerhalb eines Jahres variieren.

e. **Persönliche Ansprache von Teilnehmern** bietet sich an, wenn die gewünschte Zielgruppe an einem bestimmten Ort mit einer gewissen Konzentration vertreten ist. Beispielhaft seien z. B. Fachmessen erwähnt, auf welchen z. B. Campinginteressierte, Gartenfreunde, Dachdeckermeister oder Maschinenbauingenieure rekrutiert werden können.

Diese Auflistung ist bei Weitem nicht erschöpfend. Die vorgestellten fünf Optionen stellen jedoch die von Unternehmen am häufigsten eingesetzten Quellen der Teilnehmergenerierung dar. Für die Rekrutierung von Teilnehmern für qualitative Untersuchungen eignen sich vor allem die letzten vier Optionen. Um zu entscheiden, welche Rekrutierungsmöglichkeit infrage kommt, sollten die Vor- und Nachteile der jeweiligen Option fallweise betrachtet werden.

## 6.4  KI zur Definition von Grundgesamtheit und Stichprobenziehung

Wie lässt sich KI in Form von ChatGPT in dem erfolgskritischen Prozessschritt der Definition der Grundgesamtheit und dem Ziehen der Stichprobe unterstützend einsetzen?

Die Definition der Grundgesamtheit hängt, wie ▶ Abschn. 6.1 geschildert, entscheidend vom Zweck der Marktforschung ab. Dies ist beim Prompten unbedingt zu berücksichtigen. Der Prompt „*Im Rahmen einer Marktforschung sind die Bewohner einer Stadt zu analysieren. Bitte gib mir eine eindeutige Definition dieser Grundgesamtheit für den Zweck einer quantitativen Analyse.*" enthält diese Spezifikation nicht und liefert das folgende Ergebnis „Die Grundgesamtheit umfasst alle zum Erhebungszeitpunkt in der Stadt XY hauptwohnsitzlich gemeldeten Personen ....).", welches wie in ▸ Abschn. 6.1 geschildert weder als richtig noch falsch bewertet werden kann, weil der Zweck unbekannt ist. So kann diese Definition wegen „hauptwohnsitzlich" für eine Wahlumfrage geeignet sein, nicht jedoch für die Marktpotentialanalyse eines lokalen Einzelhandelsgeschäftes. Wird der Zweck zum Prompt hinzugefügt „*Ziel der Marktforschung ist, das Umsatzpotential mit hochwertigem Schmuck in dieser Stadt zu analysieren*", ergibt sich eine besser geeignete Definition der Grundgesamtheit: „Die Grundgesamtheit umfasst alle Personen, die zum Erhebungszeitpunkt ihren tatsächlichen Lebensmittelpunkt in der Stadt XY haben. Als Lebensmittelpunkt gilt ein regelmäßiger Aufenthalt in der Stadt an mindestens vier Tagen pro Woche sowie die regelmäßige Nutzung von Konsum- oder Alltagsangeboten (z. B. Arbeitsplatz, Einkäufe, Dienstleistungen, Freizeit).", weil der Kauf von Produkten nicht von der Meldung an einem Ort, sondern vom tatsächlichen Aufenthalt dort abhängt.

Auch bei der **Methode der Stichprobenziehung** kann KI unterstützen. Für den Prompt ist es dabei entscheidend, dass neben dem Zweck auch das Anspruchsniveau der Marktforschung angegeben wird. Bleiben wir im obigen Beispiel und ergänzen im Prompt „*Ziel ist eine explorative, keine repräsentative Analyse, dieser Zielgruppe. Welches Verfahren der Stichprobenziehung ist unter Berücksichtigung des Ziels, der Qualität und der Kosten am besten geeignet?*" ChatGPT liefert als Vorschlag richtigerweise ein Verfahren der bewussten Auswahl und schlägt basierend zu einem Kriterienvergleich analog zu ▸ Abschn. 6.2.2 konkret eine – sicherlich geeignete – Quotenstichprobe vor.

Sehr nützlich, weil eindeutige mathematische Ergebnisse liefernd, ist ChatGPT bei der *Kalkulation der* **Stichprobengröße.** Werden die erforderlichen Parameter in den Prompt eingegeben, z. B.: „*Berechne die*

*Stichprobengröße für folgende Parameter" Messung auf Skala mit 5 Stufen, Standardabweichung = 1, 95% Konfidenz, Fehler 0,1"* so wird das richtige Ergebnis berechnet: „Mit einer Standardabweichung von 1, einem Konfidenzniveau von 95 % und einer Fehlertoleranz von ±0,1 ergibt sich eine erforderliche Stichprobengröße von 384 Personen, um den Mittelwert auf einer 5-stufigen Skala zuverlässig zu schätzen." Hier ist es nicht mal erforderlich, die Berechnung des Mittelwertes als Ziel einzugeben, da die ChatGPT dies aufgrund der eingegebenen Parameter selbst erkennt. Werden wie im obigen Beispiel Quotenstichproben angestrebt, so liefert ChatGPT auch eine detaillierte Tabelle für die Anzahl zu Befragender in den einzelnen Gruppen, sofern die Daten der Grundgesamtheit im Internet verfügbar sind. Wichtig ist hier im Prompt die Definition der Grundgesamtheit, und die spezifischen Gruppen, z. B. konkrete Altersklassen, vorzugeben.

Auch auf der letzten Stufe der Stichprobenziehung, dem **Finden von Marktforschungsteilnehmenden,** leistet KI gute Dienste. Voraussetzung ist, dass der Prompt möglichst konkret formuliert wird, d.h. mit Angabe von Zielgruppe, Anspruchsniveau, Art der Datenerhebung, Größe der Stichprobe und den gewünschten Informationen (z. B. zu konkreten Kanälen oder Anbietern). Der Prompt *„Zielgruppe sind in Deutschland lebende Menschen ab 18 Jahre, welche ein Wohnmobil besitzen. Ich beabsichtige eine nicht repräsentative Online-Umfrage mit 1.000 Teilnehmern. Bitte führe konkrete Möglichkeiten, z. B. Homepages, Panelanbieter etc. auf, um diese Zielgruppe zu erreichen."* liefert sowohl konkrete Hinweise auf Facebook-Gruppen oder Foren aber auch Panelanbieter wie Cint oder Dynata, über welche Teilnehmer rekrutiert werden können. Wie bei vielen KI-Ergebnissen ist jedoch auch hier eine Qualitätskontrolle erforderlich.

> ChatGPT kann bei Zielgruppendefinition und Stichprobenziehung sehr gut unterstützen. Während die Stichprobengröße und evtl. Quoten mit KI schnell und effizient ermittelbar sind, bedürfen Definition der Grundgesamtheit und Methode der Stichprobenziehung eines tiefgehenden Projektwissens und ggf. einer mehrstufigen Kommunikation mit ChatGPT.

**Ihr Transfer in die Praxis**

- Vergewissern Sie sich Ihrer Zielgruppe. Definieren Sie die Grundgesamtheit Ihrer Marktforschung streng ausgerichtet an Ihren Zielen unter Berücksichtigung des Kosten-Nutzen-Aspektes.
- Prüfen Sie, ob eine Stichprobenziehung erforderlich ist.
- Gehen Sie bei der Auswahl eines Stichprobenverfahrens hierarchisch vor, schließen sie weniger zielführende Verfahren frühzeitig aus. Nutzen Sie als Entscheidungshilfe auch die KI.
- Seien Sie sich bei den verschiedenen Stichprobenverfahren potentieller Abweichungen von Ihrer angestrebten Zielgruppe bewusst und bewerten Sie diese.
- Formulieren Sie keine zu hohen Ansprüche - streng repräsentative Analysen stehen oft in keinem Kosten-Nutzen-Verhältnis zu explorativen Ergebnissen.
- Falls Ihre Zielgruppe nicht aus einer eigenen Datenbank rekrutiert werden kann, ist der Vergleich unterschiedlicher Rekrutierungsformen und entsprechender Anbieter in jedem Fall lohnenswert.

# Literatur

Arbeitsgruppe Regional Standards (2019): Regionale Standards Ausgabe 2019, GESIS – Leibniz-Institut für Sozialwissenschaften, 3. Aufl., S. 58–59.

Knapp, F. (2017): Normen und Richtlinien für die Online-Marktforschung im Kontext aktueller Trends. In: Theobald, A. (Hrsg.): Praxis Online-Marktforschung, 1. Aufl., Springer Gabler, Wiesbaden, S. 165–173.

Koch, J., Gebhardt, P. & Riedmüller, F. (2016): Marktforschung – Grundlagen und praktische Anwendungen, De Gruyter Oldenbourg, S. 20–39.

Kreis, H., Wildner, R. & Kuß, A. (2024): Marktforschung – Datenerhebung und Datenanalyse, 8. Aufl., Springer Gabler, Wiesbaden.

Schnell, R., Hill, P & Esser, E (2018): Methoden der empirischen Sozialforschung, 11. Aufl., De Gruyter Oldenbourg, Berlin.

## Weiterführende Literatur

Magerhans, A. (2016): Marktforschung – Eine praxisorientierte Einführung, Springer Gabler, Wiesbaden, S. 76–101.

Rajagopal, R. (2018): Marketing Research: Fundamentals, Process, and Implication, Nova, New York, S. 105–124.

Schönebeck, B. & Skottke, E-M. (2017): „Big Data" und Kundenzufriedenheit: Befragungen versus Social Media? In: Gansser, O. & Krol, B. (Hrsg.): Moderne Methoden der Marktforschung – Kunden besser verstehen, Springer Gabler, Wiesbaden, S. 229–246.

# 7

# Wahl und Gestaltung des Fragebogens

**Was Sie aus diesem Kapitel mitnehmen**

- Wie wähle ich das richtige Erhebungsinstrument (persönlich, schriftlich, telefonisch, online) aus?
- Wie können Menschen zur Teilnahme an einer Befragung motiviert werden?
- Wie lang darf ein Fragebogen sein?
- Wie sieht die ideale Struktur eines Fragebogens aus?
- Was ist bei der Formulierung von Fragen zu beachten, um zuverlässige Antworten zu erhalten?
- Wo kann KI die Fragebogenentwicklung sinnvoll unterstützen?

## 7.1 Wahl der richtigen Befragungsform

Für die Datenerhebung stehen eine Reihe an Marktforschungsmethoden zur Verfügung (Abschn. 3.3). Gegenstand des vorliegenden Kapitels ist die quantitative Befragung mittels Fragebogen. Sind Ziel, Grundgesamtheit, Art und Größe der Stichprobe sowie die Befragung als Methode

© Der/die Herausgeber bzw. der/die Autor(en), exklusiv lizenziert an Springer Fachmedien Wiesbaden GmbH, ein Teil von Springer Nature 2025
W. Heidig und T. Dobbelstein, *Quick Guide Marktforschung im Mittelstand,* Quick Guide, https://doi.org/10.1007/978-3-658-49205-2_7

bestimmt, folgt die Auswahl des Erhebungsinstrumentes und eine entsprechende Strukturierung sowie Formulierung des Fragebogens.

Als Befragungsinstrumente stehen persönliche, telefonische, schriftliche und Online-Befragung zur Verfügung. Bei einer persönlichen Befragung steht der Interviewer in direktem Kontakt mit dem Interviewten und führt die Befragung persönlich durch. Fast immer werden bei persönlichen Interviews Tabletts mit Onlinezugang zum direkten Monitoring der Erhebung eingesetzt. Telefonische Befragungen sind rückläufig, aber immer noch von hoher Bedeutung. Unternehmen und kleinere Marktforschungsinstitute bedienen sich bei großen Umfragen oft CATI-Instituten (Computer Assisted Telephone Interview) als externe Dienstleister. Je nach Art der erhobenen Daten und angesprochener Zielgruppe, ist vor Beginn der telefonischen Erhebung ein Expertenrat zum Datenschutz sowie zum Direktmarketing einzuholen. Die klassische schriftliche Befragung, bei welcher der Teilnehmer einen ausgedruckten Fragebogen ausfüllt, hat aufgrund deutlich effizienterer Online-Erhebungen stark an Bedeutung verloren. Sie findet nur noch selten Anwendung, z. B. in Situationen, welche eine glaubhafte 100 %ige Anonymität erfordern (z. B. Mitarbeiterzufriedenheitsbefragungen) oder falls z. B. situationsspezifisch nicht für alle Zielgruppenmitglieder von einem Internetzugang ausgegangen werden kann (z. B. Saunagäste während des Besuchs). Im Gegenzug haben Online-Befragungen eine quantitativ sehr hohe Bedeutung. Wesentliche Gründe sind ihre Kosteneffizienz und die einfache Umsetzbarkeit mithilfe einer Vielzahl einfach bedienbarer, kostenloser oder kostengünstiger Tools. Das Spektrum reicht von sehr leistungsstarken und entsprechend teuren Softwareangeboten wie Globalpark über Standardlösungen, die gängige Erhebungserfordernisse befriedigen (z. B. surveymonkey), bis hin zu kostenlosen Angeboten wie Google Forms. Bei Letzteren ist es jedoch generell ratsam, die Rechte an den erhobenen Daten und den Zugang Dritter zu diesen im Vorfeld zu prüfen. Preismodelle der kostenpflichtigen Tools sind sehr unterschiedlich und reichen von der Miete für eine einzelne Befragung bis zur zumeist von der Anzahl der Benutzer abhängigen dauerhaften Lizensierung. Viele Anbieter stellen Testzugänge bereit, die zumeist in Bezug auf die Laufzeit, die Anzahl von Fragen oder maximal zulässiger Teilnehmer limitiert sind.

Die Auswahl eines geeigneten Erhebungsinstruments ist eine wichtige Entscheidung bei jeder Befragung. Sie wird durch eine Vielzahl von Kriterien beeinflusst. Abb. 7.1 gibt einen Überblick darüber. Diese Kriterien sind bei der Auswahl eines Erhebungsinstrumentes zu diskutieren. Zweckmäßigerweise prüft man im ersten Schritt zunächst, welche der Kriterien im konkreten Marktforschungsprojekt relevant sind. Ist die Grundgesamtheit hinreichend groß und kann auch bei einer sehr geringen Beteiligung die erforderliche Antwortzahl gut erreicht werden, so kann die Antwortquote als Bewertungs- und Auswahlkriterium für ein Befragungsinstrument vernachlässigt werden. Auch können einzelne Kriterien KO-Kriterien sein, welche ohne weitere Diskussion

| | persönlich | telefonisch | schriftlich | online |
|---|---|---|---|---|
| Antwortquote | + | + | - | o |
| Einheitlich. Erhebungszeitpunkt | + | + | - | + |
| Messung der Antwortzeit | o | + | - | + |
| Einfluss Dritter | + | o | - | - |
| Befragungsdauer | + | + | - | o |
| Vermeidung von Missverständnis | + | + | - | - |
| Vermittlung komplexer Infos | + | - | - | o |
| Vermeidung von Interviewereffekten | - | o | + | + |
| Zielgruppenerreichbarkeit | - | o | + | o |
| Fristigkeit der Erhebung | o | + | - | + |
| Räumliche Abdeckung | - | + | + | + |
| Zusatzinformationen | + | o | - | - |
| Kontrolle Antwortperson | + | + | - | - |
| Kontrolle Antwortreihenfolge | + | + | - | + |
| Kontrolle Befragungssituation | + | o | - | - |
| Kosten | - | o | o | + |
| Umweltfreundlichkeit | o | o | - | + |

**Abb. 7.1** Stärken und Schwächen der Befragungsinstrumente

zum Ausschluss einer Erhebungsform führen. Ist eine Zielgruppe online nicht erreichbar, weil z. B. keine Emailadressen verfügbar sind oder die Zielgruppe relevante Onlinemedien gänzlich nicht nutzt, so kann diese Erhebungsform ohne die Diskussion weiterer Kriterien ausgeschlossen werden.

Im zweiten Schritt wird die ggf. bereits erfolgte engere Auswahl der Erhebungsinstrumente mittels der relevanten Kriterien bewertet und im dritten Schritt ein oder mehrere Instrumente ausgewählt.

In einem Marktforschungsprojekt können auch verschiedene Erhebungsinstrumente parallel eingesetzt werden. Beispielsweise kann ein Autohaus seine Kunden nach dem Werkstattbesuch schriftlich durch einen im Fahrzeug hinterlassen Fragebogen befragen oder durch eine E-Mail mit Einladung zur Online-Umfrage. Auch kann auf den ausgelegten Fragebogen ein QR-Code gedruckt werden, welcher den Kunden zu einer Online-Umfrage führt.

Im Folgenden werden die in Abb. 7.1 im Sinne einer Checkliste stichwortartig aufgeführten Kriterien kurz erläutert, um als fundierte Entscheidungsgrundlage hergezogen werden zu können. Die Abschätzung kann nur grob über + für positive, – für negative und O für neutrale Bewertung erfolgen. Dabei wird zur Entscheidungsunterstützung auch darauf eingegangen, unter welchen Bedingungen ein Kriterium wichtig sein kann. Zwischen den Kriterien bestehen teilweise Abhängigkeiten, so kann eine niedrige Antwortquote Auswirkungen auf die Kosten haben, weil z. B. mehr Fragebogen zu versenden sind.

Die **Antwortquote** bezeichnet denjenigen Anteil der zur Befragung eingeladenen Menschen, welche tatsächlich an der Befragung teilnehmen. Sie ist dann relevant, wenn die Grundgesamtheit so gering ist, dass die Gefahr besteht, die angestrebte Stichprobengröße bei zu geringer Beteiligung nicht erreichen zu können. Auch ist denkbar, dass die Anzahl an Menschen, welche von einer Marktforschung erfahren, möglichst geringgehalten werden soll, z. B. beim Test von Innovationen. Tendenziell ist die Antwortquote umso höher, je persönlicher der Kontakt ist, da es vielen Angesprochenen schwerer fällt, einem Menschen in Persona die Teilnahme zu verweigern als einen Brief wegzuwerfen, eine E-Mail zu löschen oder ein Pop-up-Fenster mit einer Befragungseinladung zu schließen.

Ein **einheitlicher Erhebungszeitpunkt** bezeichnet die Durchführung der Befragung inkl. Einladung und Teilnahme zu einem fest definierten Zeitpunkt. Dies kann relevant sein, wenn sich Meinungen schnell ändern, z. B. durch neue Ereignisse. So kann das Image eines Unternehmens durch Skandale beeinträchtigt werden. Die Unternehmenskommunikation wirkt diesem mit Marketingmaßnahmen entgegen. Deren Wirkung ist schnell und zu einem bestimmten Zeitpunkt zu ermitteln, bevor sie durch neue Skandalmitteilungen beeinträchtigt wird. Weiteres typisches Beispiel sind Wahlprognosen. Mit Ausnahme der schriftlichen Befragung erlauben alle Instrumente einen einheitlichen Erhebungszeitpunkt.

Die **Messung der Antwortzeit** bezieht sich auf diejenige Zeit, die zwischen dem Stellen der Frage und dem Beginn der Antwort liegt. Die Antwortzeit kann als Indikator dafür dienen, wie sicher sich eine Person ihrer Meinung ist, wie gefestigt diese ist. Je schneller die Antwort desto gefestigter. Dies kann z. B. bei Imageanalysen relevant sein, um zu bewerten, wie stark Imageeigenschaften verankert sind. Die Antwortzeit kann auch als die gesamte Zeit zur Beantwortung des Fragebogens gesehen werden. Diese wird häufig herangezogen, um die Plausibilität einer Beantwortung einzuschätzen. Liegt die durchschnittliche Antwortzeit über alle Befragten bei 5 min und hat ein Befragter die Online-Befragung in 1 min ausgefüllt, liegt der Verdacht nahe, dass die Person evtl. willkürlich Antworten angeklickt hat, ohne die Fragen zu lesen. Gängige Tools zur Online-Befragung ermöglichen diese Zeitmessungen. Auch bei telefonischen Befragungen ist dies über ein Stoppen der Zeit zwischen Ende der Interviewerstimme und Beginn der Stimme des Interviewten je nach Software ggf. möglich.

**Einfluss Dritter** beschreibt die Möglichkeit, Informationen darüber zu erhalten, ob eine andere als die befragte Person bei den Antworten mitgewirkt hat oder während der Befragung anwesend war. Dies kann bei Mitarbeiterbefragungen relevant sein, wenn z. B. Vorgesetzte während der Beantwortung anwesend sind. Auch bei sozial brisanten Themen, z. B. Umweltverhalten oder Alkoholkonsum, kann die Anwesenheit Dritter das Antwortverhalten beeinflussen. In der persönlichen Befragungssituation ist dieser Einfluss augenscheinlich leicht feststellbar; bei der telefonischen Befragung schon schwieriger (z. B. über evtl.

Äußerungen oder Geräusche des Dritten); bei schriftlichen und Online-Befragungen ist es nicht möglich.

Die maximal sinnvolle **Befragungsdauer** wird auch durch das Befragungsinstrument beeinflusst. Sie ist fast immer von Bedeutung, weil das Informationsbedürfnis in fast allen Marktforschungsprojekten größer ist als die den Befragten zumutbare Befragungsdauer. Bei der persönlichen und der telefonischen Befragung führen die Möglichkeit der persönlichen Motivation sowie die Hemmschwelle das Interview frühzeitig zu beenden, zu einer längeren möglichen Befragungsdauer. Auch wenn zu Beginn des Interviews die Dauer mit ca. 5 min angekündigt wird, gibt es kaum Teilnehmer, die nach 6 oder 7 min abbrechen. Bei Online-Befragungen ist es empfehlenswert, einen Fortschrittsbalken zu verwenden, welcher den bereits beantworteten Anteil einer Befragung anzeigt. Bei längeren Befragungen verringert dieser die Abbruchquote kurz vor Ende einer Befragung deutlich. Im Allgemeinen ist bei Befragungen ohne einen speziellen Bezug des Antwortenden eine Obergrenze von 5 min empfehlenswert.

**Vermeidung von Missverständnissen** beschreibt die Möglichkeit, Missverständnisse in der Befragungssituation zu erkennen und ihnen entgegenzuwirken. Dies ist insbesondere von Bedeutung, wenn schwer verständliche Sachverhalte abgefragt werden oder die Zielgruppe z. B. wegen sprachlicher oder intellektueller Fähigkeiten eingeschränkt aufnahmefähig ist. Es liegt auf der Hand, dass dies nur im Rahmen einer persönlichen Interaktion von Interviewer und Befragtem unmittelbar möglich ist.

Die Bedeutung der **Vermittlung komplexer Informationen** wird im Wesentlichen durch den Inhalt der Befragung und deren Ziel bestimmt. Oft zeichnen sich Analysen zu Innovationen bei Produkten oder Dienstleistungen durch eine gewisse Komplexität aus. Schriftliche Befragungen basieren auf einmal gedruckten starren Bildern und Texten. Telefonische Befragungen haben ausschließlich gesprochenen Text zur Verfügung, auch wenn dieser während des Interviews flexibel gestaltet werden kann. Online-Befragungen können zusätzlich zu geschriebenem oder gesprochenem Text auf Animationen zurückgreifen. In persönlichen Befragungen steht hingegen das komplette Spektrum zur Verdeutlichung komplexer Sachverhalte zur Verfügung, incl. realer Produkte oder deren Modelle.

Die **Vermeidung von Interviewereffekten** beschreibt die Möglichkeit, Einflüsse des Interviewers auf das Antwortverhalten des Interviewten zu minimieren. Solche Einflüsse sind ähnlich wie beim Einfluss Dritter bei Fragen nach sozial besonders erwünschten oder unerwünschten Verhaltensweisen relevant. Nehmen wir an, ein Befragter fährt ein besonders umweltschädliches Zweitauto mit einem sehr hohen Benzinverbrauch. Die Wahrscheinlichkeit, dass dieser Befragte sein als sozial allgemein nicht akzeptabel angesehenes Verhalten zugibt und wahrheitsgemäß antwortet, sinkt je persönlicher die Situation ist und je mehr Sympathie der Befragte für den Interviewer empfindet. In einer anonymen Internetumfrage wird er somit eher die Wahrheit zu seinem Zweitwagen sagen, als in einer persönlichen Befragung, die von einem ihm bekannten und sympathischen Interviewer durchgeführt wird. Sympathie und Interviewereffekt haben auch eine Auswirkung auf die Bereitschaft, an einer Befragung teilzunehmen. Je höher die Sympathie, desto höher die Teilnahmebereitschaft. Da verschiedene Menschen unterschiedlichen Menschen gegenüber Sympathie empfinden, ist es bei persönlichen Befragungen sehr wichtig, ein möglichst heterogenes Team von Interviewern einzusetzen. Führen z. B. nur konservative ältere Männern die Befragung in einer Fußgängerzone durch, ergibt sich eine andere Teilnehmerstruktur als bei jungen, modernen Frauen. Es liegt auf der Hand, dass Interviewereffekte bei schriftlicher und Online-Befragung mangels Interviewer (fast) nicht auftreten, bei der telefonischen Befragung durch die Beschränkung auf die Stimme eingeschränkt vorhanden sind und bei persönlichen Interviews voll ausgeprägt auftreten.

Die **Zielgruppenerreichbarkeit** ist kaum generell zu beantworten, da sie extrem stark durch die jeweilige Zielgruppe beeinflusst wird. Ist sie nicht erfüllt, stellt sie ein Ausschlusskriterium für das entsprechende Instrument dar und ist somit generell von sehr hoher Wichtigkeit. Gehen wir von einer allgemeinen Bevölkerungsbefragung aus, so sind Informationen über die Eigenschaften bestimmter Personen und damit ihre Zielgruppenzuordnung am besten auf Basis der postalischen Adresse zu erhalten. Online-Umfragen beinhalten das Risiko des Ausschlusses bestimmter Bevölkerungsteile. Wird dies in Kauf genommen, bieten Anbieter von Online-Access-Panel gute Zugangsmöglichkeiten zu Zielgruppen – mit der weiteren Einschränkung, dass es zu

Verzerrungen kommt, da natürlich nur auf die beim jeweiligen Anbieter registrierten Personen zurückgegriffen werden kann.

Die **Fristigkeit der Erhebung** beschreibt die erforderliche Zeit für die Datenerhebung incl. eventuelle Programmierung und Rekrutierung von Teilnehmern. Ihre Relevanz ist stark projektabhängig, in den meisten Projekten allerdings im Rahmen der relevanten Zeitfenster für Befragungen von eher untergeordneter Bedeutung. Bei einer Online-Erhebung hängt es stark von der Zielgruppe ab. Besteht diese in speziellen Zielgruppen, wie etwa den Besuchern einer Homepage oder wird auf Online-Access-Panel-Anbieter zurückgegriffen, so benötigt diese die geringste Zeit. Besteht die Zielgruppe in der allgemeinen Bevölkerung, kann die Rekrutierung der Teilnehmer ohne eigenen Onlineanschluss lange dauern und die telefonische Befragung ist am schnellsten umsetzbar.

**Räumliche Abdeckung** behandelt die Frage nach der Erreichbarkeit von Zielgruppen in unterschiedlichen Gebieten. Sie ist in der Regel nicht kritisch und mit Ausnahme der persönlichen Befragung für alle Instrumente in gleicher Weise erfüllt.

**Zusatzinformationen** bezieht sich auf die Möglichkeit, zusätzliche Informationen über die Umstände der Befragung zu erhalten z. B. ist ein Interviewter nervös, war das Umfeld laut, gab es sonstige Extrembedingungen (wie starke Kälte bei einer Passantenbefragung im Freien). Solche Informationen werden benötigt, um Erklärungen für zunächst nicht plausible Ergebnisse, etwa sehr geringe Beteiligungsquoten, zu finden. Je unmittelbarer der Kontakt zwischen Interviewer und Befragtem, desto besser kann der Interviewer solche Zusatzinformationen registrieren. Bei Online- und schriftlichen Interviews besteht diese Möglichkeit nicht.

Die **Kontrolle der Antwortperson** ist in solchen Projekten sehr bedeutsam, in denen Interesse an einer bestimmten Zielperson besteht. So ist ein Lieferant z. B. an der Meinung des Chefeinkäufers und nicht des Einkaufsassistenten interessiert. Kontrolle der Antwortperson beschreibt die Möglichkeit herauszufinden, ob die angestrebte Zielperson auch tatsächlich persönlich an der Befragung teilgenommen oder dies delegiert hat. Bei unpersönlichen Formen ist dies nicht möglich: eine E-Mail ist einfach weitergeleitet, ein schriftlicher Fragebogen schnell weitergegeben. Hingegen ist die Wahrscheinlichkeit, sich in einer persönlichen oder telefonischen Befragung als eine andere Person auszugeben, sehr gering.

Die **Kontrolle der Antwortreihenfolge** bezieht sich auf die Möglichkeit sicherzustellen bzw. zu kontrollieren, ob ein Fragebogen tatsächlich wie aufgestellt von vorne nach hinten beantwortet wird. Dies ist relevant, wenn die Kenntnis nachgelagerter Fragen die Antwort auf vorangegangene Fragen beeinflusst. Ist beispielsweise die Bekanntheit einer Marke von Interesse, so wird zunächst offen (d. h. ohne Antwortvorgaben) die sogenannte ungestützte Bekanntheit (z. B. von Wohnmobilmarken) erfragt. In einer darauf folgenden geschlossenen Frage wird dann die sogenannte gestützte Bekanntheit ermittelt, bei der aus einer Liste von Marken die bekannten Marken auszuwählen sind. Wird diese Reihenfolge verletzt, ist die Abfrage der ungestützten Markenbekanntheit sinnlos. Augenscheinlich ist die Kontrolle bei allen Erhebungsformen außer der schriftlichen möglich.

**Kontrolle der Befragungssituation** bezeichnet die Möglichkeit, individuell aktiv in die Befragungssituation einzugreifen und diese zu gestalten. Dies ist in der Regel nur bei speziellen Forschungsfragen interessant, bei denen die Teilnehmer z. B. zur Analyse von spontanen Meinungen unter Zeitdruck gesetzt werden. Auch hier gilt: Je persönlicher die Interaktion, desto eher ist die Möglichkeit dazu gegeben.

**Kosten** sind ein relevanter Faktor in nahezu jeder Marktforschung. Die Kosten einer persönlichen Befragung sind in der Regel am höchsten. Neben den bedeutsamen Personalkosten der Befragung können Reisekosten zu den Interviewpartnern und – je nach Durchführungsform – auch Kosten (insbesondere z. B. bei Fokusgruppen) für die Rekrutierung und Terminvereinbarung entstehen. Bei persönlichen Befragungen im öffentlichen Raum fallen, je nach Durchführung und Stadt, Gebühren für die Genehmigung an. Bei Online-Befragungen sind Programmierungskosten und Kosten für die Rekrutierung zu berücksichtigen. Werden Anbieter von Online-Access-Panel genutzt, liegt die Bandbreite für eine ca. 5-minütige allgemeine Bevölkerungsbefragung (ohne Eingrenzung der Zielgruppe) bei den gängigen Anbietern zwischen ca. 1,80 und 3,00 EUR netto je abgeschlossener Befragung. Schriftliche und telefonische Befragungen liegen im Mittelfeld. Für eine schriftliche postalische Befragung sind neben den Druckkosten vor allem die Kosten für Porto und Rückporto relevant, wobei die üblichen Postdienstleister bei der Beachtung bestimmter Versandbedingungen deutliche Rabatte gewähren. Einflussgröße ist weiterhin die Unsicherheit der Beteiligung. Während bei einer telefonischen Befragung gestoppt wird, sobald die Stichprobengröße erreicht ist, ist bei einer schriftlichen Befragung eine zusätzliche Sicherheitsanzahl zu versenden, um eine unerwartet niedrige Teilnahmequote auszugleichen. Werden Kosten der Programmierung und Stichprobenziehung bei einer allgemeinen Bevölkerungsbefragung berücksichtigt, so liegen die Kosten je telefonischer Befragungsminute zwischen 2,00 und 3,00 EUR, d. h. 1000 Befragungen zu je 5 min werden von den üblichen Anbietern zwischen 10.000 und 15.000 EUR angeboten.

Das Kriterium *Umweltfreundlichkeit* bewertet den ökologischen Fußabdruck der jeweiligen Befragungsform. Die schriftliche Befragung schneidet aufgrund des Papierverbrauchs und eines ggf. erforderlichen postalischen Versands schlecht ab. Die telefonische wie auch persönliche Variante sind zwar ressourcenschonender, erfordern jedoch ebenfalls Infrastruktur. Online-Befragungen gelten als vergleichsweise umweltfreundlich, da sie ohne physischen Materialeinsatz auskommen.

> Die Wahl des Erhebungsinstruments ist nicht trivial. Sie ist fallbezogen zu treffen, das Spektrum an Qualitäts-, Kosten- und Zeitunterschieden ist groß.

Sind ein oder mehrere geeignete Erhebungsinstrumente ausgewählt, folgt im nächsten Schritt der Entwurf des Fragebogens.

## 7.2 Strukturierung eines Fragebogens

Die Struktur und die Formulierung eines Fragebogens hängen in manchen Details vom gewählten Erhebungsinstrument ab. So wird die Einladung zur Teilnahme bei einer persönlichen Ansprache auf einer Messe anders aussehen als bei einem Pop-up-Fenster; eine Online-Befragung ermöglicht flexible und von vorangegangenen Antworten abhängige Fragestellungen usw. Im Weiteren wird im Wesentlichen von der am häufigsten angewendeten Online-Befragung ausgegangen und relevante Abweichungen bei den anderen Instrumenten im Einzelfall erwähnt. Abb. 7.2 vermittelt einen Überblick über den idealtypischen Aufbau eines Fragebogens. Die einzelnen Elemente werden im Folgenden detailliert erläutert.

Am Anfang des Erhebungsinstruments bzw. vor dem Fragebogen steht die **Situations- und Motivationsdarstellung**. Ihr Ziel ist, die eingeladene Person zur Teilnahme an der Befragung zu motivieren. In dieser sollten Sie dem Teilnehmer drei zentrale Fragen beantworten:

- Wer sind Sie?
- Was wollen Sie?
- Warum sollte die angesprochene Person das tun, was Sie von ihr wollen?

**Wer** sind Sie? sollte eindeutig darauf eingehen, wer die Befragung durchführt und/oder wer Auftraggeber ist. Dies kann z. B. durch einen

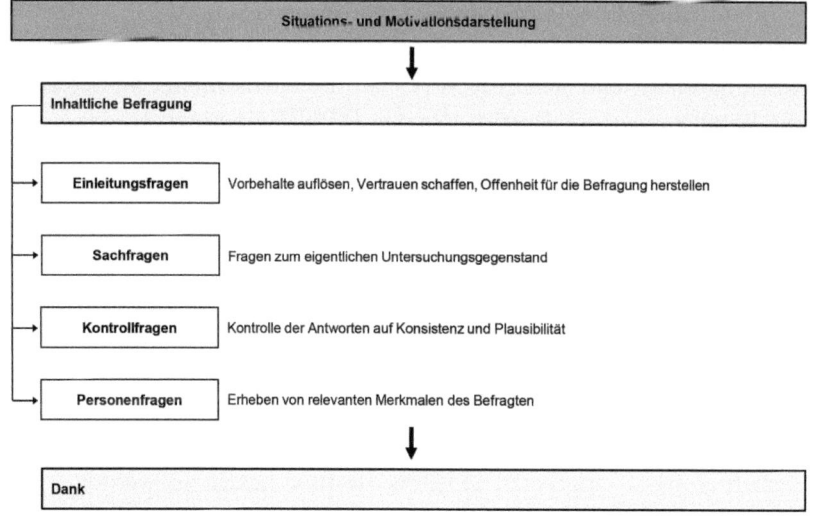

**Abb. 7.2**  Struktur eines Fragebogens

Briefkopf, einen Emailabsender oder Header, das Tragen eines Interviewer-T-Shirts oder Ausweises oder durch eine entsprechende Nennung zu Beginn des Telefonats erfolgen. Bei bestimmten Zielen ist es methodisch sinnvoll, den Auftraggeber nicht oder nicht zu Beginn zu nennen, z. B. wenn seine Nennung die Ergebnisse beeinflusst. Dies ist u. a. der Fall, wenn die Bekanntheit und das Image einer Marke im Vergleich zur Konkurrenz zu messen sind. Wird die Marke bereits in der Ansprache genannt, beeinflusst dies nicht nur die Ergebnisse zu ihrer Bekanntheit, sondern kann auch dazu führen, dass Befragte besonders positiv oder negativ antworten. Bei nicht-persönlichen schriftlichen und Online-Befragungen wirkt es sich sehr positiv auf die Beteiligung aus, wenn ein konkreter Ansprechpartner mit Kontaktdaten für Rückfragen angegeben wird. Zwar wird von der Möglichkeit der Kontaktaufnahme nahezu nie gebrauch gemacht, sie schafft jedoch Vertrauen als eine wichtige Basis für die Beteiligung.

**Was** wollen Sie? sollte neben dem reinen Hinweis auf die Teilnahme an der Befragung auch das Thema und die Dauer umfassen. Auch hier bestehen Ausnahmen, wenn eine Information sich negativ auf die Antwortqualität oder Teilnahmebereitschaft auswirkt. Beispiel: In einem Marktforschungsprojekt ist die Bereitschaft von Touristen zur Nutzung des öffentlichen Personennahverkehrs zu analysieren. Wird in der Ansprache darauf hingewiesen, dass es sich um eine Befragung zu diesem Thema handelt, wird sich ein ÖPNV-affiner Mensch eher an der Befragung beteiligen als ein Tourist, der den ÖPNV nie nutzt. In der Konsequenz ergeben sich verfälschte Ergebnisse, die im Vergleich zur tatsächlichen Situation einen zu hohen Anteil an ÖPNV-Nutzern ausweisen.

**Warum** sich die oder der Angesprochene an einer Befragung beteiligen sollte? stellt in der Praxis die größte Herausforderung dar. Es können zwei Anreizformen unterschieden und natürlich bei der Ansprache auch kombiniert werden: solche, die auf eine Motivation von innen heraus (z. B. aufgrund eines Interesses am Thema) abzielen und solche, die mit einer externen Belohnung, z. B. einem Incentive arbeiten.

Eine *Motivation von innen* heraus wird häufig bei Kundenzufriedenheitsbefragungen eingesetzt. „Helfen Sie uns, besser zu werden." oder „Wir möchten uns für Sie verbessern." impliziert, dass die Meinung der

Befragten gehört wird und daraus Maßnahmen abgeleitet werden, welche die Kundenbeziehung zum Wohle des Befragten verbessern. Auch ein Appell an die Bedeutung einer Meinung eines Kunden, an seinen Stolz sowie sein Expertenwissen gehört zu dieser Kategorie. „Sehr geehrter Herr Mustermann, wir benötigen Ihre Unterstützung als Experte für Beispielthema". Häufig wird, nicht nur im wissenschaftlichen Bereich, auch an die Hilfsbereitschaft appelliert „Bitte unterstützen Sie uns bei dieser wissenschaftlichen Studie". Nach ähnlichem Muster funktioniert die Ansprache des (sozialen) Gewissens „Für jeden Fragebogen spenden wir 10 EUR an das Kinderheim Beispieldorf".

Die Möglichkeiten *externer Belohnungen* werden stark durch das verfügbare Budget beeinflusst. Tendenziell steigt die Beteiligungsquote mit dem Wert der externen Belohnung. Eine direkte Möglichkeit besteht in der Bezahlung der Teilnehmer. Diese findet sich vorwiegend im B2B-Umfeld bei der Befragung spezieller Berufsgruppen oder Experten. Im B2B-Umfeld empfiehlt es sich, mögliche branchen- oder unternehmensspezifischen Compliance-Richtlinien zu prüfen. Der Übergang von der Bezahlung zum kleinen Giveaway ist sicherlich ein fließender. Giveaways finden sich vorwiegend bei persönlichen Befragungen z. B. auf Messen oder in Fußgängerzonen. Eine weitere Möglichkeit besteht in der Verlosung eines Preises unter allen Teilnehmern. Unter dem Gesichtspunkt einer möglichst hohen Teilnahmequote ist ein hoher Preis wirkungsvoller als mehrere kleine. „Gewinnen Sie 1.000 EUR" führt zu einer höheren Beteiligung als „Gewinnen Sie 10 Mal 100 EUR". Eine nicht monetäre Möglichkeit der externen Belohnung ist die exklusive Bereitstellung von Ergebnissen oder Ergebnisauszügen für die Teilnehmer.

Neben der Motivation kann es in der Ansprache auch erforderlich sein, rechtliche Hinweise zu platzieren (siehe hierzu auch Kap. 4). Dies hängt vom Inhalt der Befragung, der Datenspeicherung und dem Land der Erhebung ab. Erfolgt die Befragung z. B. nicht anonym oder werden personenbezogene Daten gespeichert, so wird die Datenschutzgrundverordnung berührt. In einigen Ländern ist auch der Hinweis auf die Freiwilligkeit der Teilnahme rechtlich erforderlich.

In fast allen Fällen steigt die Teilnahmebereitschaft mit der Personali-
sierung der Einladung. Wird z. B. eine Kundenzufriedenheitsbefragung
durchgeführt und liegen die persönlichen Kontaktdaten der Zielpersonen
vor, ist eine Ansprache mit dem Namen sehr empfehlenswert.

Generell ist eine Einladung zur Befragungsteilnahme so kurz wie möglich zu halten und sollte in wenigen Sekunden erfasst werden können.
Zwischen den Erhebungsinstrumenten und Rekrutierungswegen bestehen diesbezüglich deutlich Unterschiede. Ein Pop-up-Fenster auf einer
Webseite muss deutlich kürzer und schneller erfassbar sein als eine persönliche E-Mail.

Die **inhaltliche Befragung** beginnt direkt nach der Annahme der
Einladung. Es empfiehlt sich, zu Beginn solche *Einleitungsfragen* zu
stellen, welche vom Befragten ohne langes Nachdenken beantwortet
werden können und keine sensiblen Themen behandeln. Ziel der Einleitungsfragen ist – neben dem inhaltlichen Erkenntnisinteresse – evtl.
Vorbehalte aufzulösen und Vertrauen zu erzeugen. Häufig erfüllen Einleitungsfragen auch eine Filterfunktion, um nicht zur Zielgruppe gehö-
rende Teilnehmer zu selektieren. „Haben Sie in den letzten 4 Wochen
eine Zeitung oder Zeitschrift gelesen?" ist ein Beispiel für eine solche
Selektionsfrage. Persönliche Fragen, z. B. nach dem Einkommen oder
Alter, sind in diesem Befragungsteil nach Möglichkeit zu vermeiden. Sie
untergraben das Vertrauen und führen an dieser Stelle deutlich häufiger zum Abbruch als am Ende einer Befragung. Es schließen sich die
*Sachfragen* zum inhaltlichen Kern der Befragung an. Auf sie wird in
Abschn. 7.3 detailliert eingegangen.

Ein wichtiger Bestandteil jeder Befragung sind *Kontrollfragen.*
Diese sind in der Regel in die Sachfragen eingebettet und ergeben sich
durch ihre geschickte Kombination. Ziel der Kontrollfragen ist, Teilnehmer zu identifizieren, welche den Fragebogen nicht ordnungs- und
wahrheitsgemäß beantwortet haben. Dies zielt insbesondere auf solche
Teilnehmer in schriftlichen und Online-Befragungen ab, welche den
Fragebogen nicht wirklich lesen, sondern wahllos irgendwelche Antworten ankreuzen, z. B. um ein Incentive zu erhalten oder dem Befra-
gungsverantwortlichen einen Gefallen zu tun. Diese Selektion auffälli-
ger Fragebögen wird durch die gezielte Kombination und den Vergleich

von Antworten erreicht, die in Widerspruch zueinanderstehen können. Beispiel: Der Betreiber einer Fährverbindung möchte aus Gründen der Verkehrsplanung wissen, mit welchem Verkehrsmittel die Passagiere zur Fähre angereist sind. Die Teilnehmer können in einer Mehrfachantwort alle verwendeten Verkehrsmittel angeben. Weiterhin ist für ihn von Interesse, ob ein Verkehrsmittel mit an Bord genommen oder vor der Fähre abgestellt wird. Auch ist in diesem Kontext der Ausgangsort der Anreise zur Fähre interessant. Die Antworten auf diese Fragen werden nun kombiniert und nach Widersprüchen gesucht. Gibt ein Teilnehmer an, ausschließlich mit dem Zug angereist zu sein und weiterhin, dass das benutzte Verkehrsmittel mit auf der Fähre ist, so ist mindestens eine der Antworten falsch, weil diese Kombination in der Realität nicht möglich ist. Gibt ein Teilnehmer an, ausschließlich mit dem Zug angereist zu sein und seine Reise in Musterdorf begonnen zu haben und hat Musterdorf keinen Bahnhof, ist mindestens eine Angabe falsch. Auch ein Teilnehmer, der angibt ausschließlich zu Fuß angereist und in Musterhausen aufgebrochen zu sein, ist unglaubwürdig, wenn Musterhausen 50 km entfernt ist. Alle Antworten dieser Art werden je Teilnehmer individuell geprüft, die Plausibilität jedes einzelnen Fragebogens insgesamt bewertet und unplausible Datensätze entsprechend entfernt. Als grobe Daumenregel hat sich bewährt, einen Teilnehmer bei zwei Widersprüchen innerhalb einer Befragung zu entfernen.

*Personenfragen* und weitere Fragen, für welche eine unterdurchschnittliche Antwortbereitschaft besteht, sind bevorzugt am Ende zu stellen. Bei Privatpersonen gehören dazu Fragen nach Alter, Einkommen oder auch Bildung. Bei Unternehmen sind Fragen nach Mitarbeiteranzahl, Umsatz oder Gewinn typische Vertreter dieser Kategorie. Ihre Platzierung am Ende hat sich aus vier Gründen bewährt. Erstens steigt die Wahrscheinlichkeit der Beantwortung, weil im Laufe der Befragung Vertrauen aufgebaut wird. Zweitens hat ein Teilnehmer nun bereits eine gewisse Zeit in die Befragung investiert. Bricht er jetzt ab, geht diese Mühe verloren. Drittens sollte er wirklich abbrechen, so sind (außer bei der schriftlichen Befragung) alle anderen Antworten bereits gespeichert. Es gehen somit nur die Antworten auf die letzten persönlichen Fragen verloren und nicht, wie bei einer Positionierung zu Beginn, der gesamte Fragebogen. Viertens sinken mit zunehmender Befragungsdauer Lust und Konzentration. Persönliche Fragen z. B. nach Alter oder Geschlecht sind zumeist auch ohne starke Konzentration zu beantworten.

Nachdem die Struktur des Fragebogens gestaltet ist, folgt im nächsten Schritt die konkrete Formulierung der Fragen.

## 7.3    Do's & Don'ts der Frageformulierung

Allgemeingültige, für jede Forschungsfrage anwendbare Regeln, deren Anwendung eine gute Befragung garantieren, gibt es nicht. Jedoch existieren Hinweise und Daumenregeln die dabei helfen, Verwirrung und Unverständnis beim Befragten, das Risiko des Abbruchs der Befragung und das Entstehen verzerrter oder falscher Antworten zu minimieren. Unter falschen Antworten werden in diesem Kontext Antworten verstanden, welche nicht die wirkliche Meinung des Befragten oder seine tatsächliche Situation widerspiegeln.

Wie für die Strukturierung eines Fragebogens ist es auch für die Formulierung einzelner Fragen bedeutsam, sich in den Befragten und die Befragungssituation hineinzuversetzen. Typische Leitfragen sind: Welche Bildung und/oder Beruf haben die Befragten, gibt es zielgruppentypische Begriffe? Wie hoch ist das Interesse an der Befragung? In welcher Situation findet die Befragung statt? Besteht Zeitdruck? Solche Rahmenbedingungen beeinflussen die konkrete Formulierung von Fragen. Abb. 7.3 gibt einen Überblick über Grundsätze der Frageformulierung, die im Folgenden anhand konkreter Formulierungsbeispiele erläutert werden. Werden diese Grundregeln verletzt, so erhöht dies die Wahrscheinlichkeit des Abbruchs der Befragung sowie von falschen Antworten.

**Do's der Frageformulierung**

Wie lang bzw. komplex *kurze/einfache Formulierungen* idealerweise sind, wird stark durch Situation, Interesse an der Befragung und etwas auch durch die intellektuelle Fähigkeit des Befragten bestimmt. Je geringer das Interesse und je höher der Zeitdruck, desto kürzer und einfacher sollte die Formulierung sein. Situationen mit geringer Aufmerksamkeit sind sehr häufig in Befragungen vorzufinden. Ein Befragter wird in den

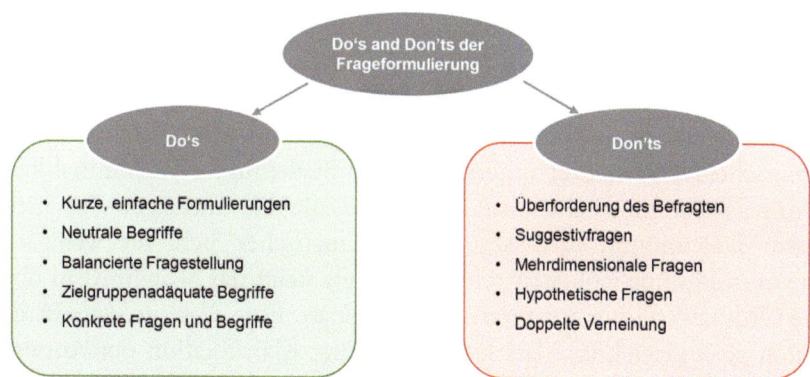

**Abb. 7.3** Do's und Don'ts der Frageformulierung

seltensten Fällen schon lange darauf warten, endlich in der Innenstadt angesprochen und nach seiner Meinung zu den örtlichen Textilhändlern befragt zu werden. Entsprechend gering wird seine Konzentration sein. Längere Sätze und komplizierte Formulierungen erhöhen die Wahrscheinlichkeit falscher Antworten. Die Frage „Denken Sie bitte an das Personal, welches Sie in den Textilgeschäften hier in Musterstadt berät und sagen Sie mir, wie Sie die folgenden Eigenschaften des Verkaufspersonals anhand von Schulnoten bewerten?" kann für eine Befragungssituation in der Fußgängerzone prägnanter formuliert werden. „Denken Sie bitte an Ihren Textilkauf in Musterstadt. Welche Schulnote geben Sie dem Verkaufspersonal für…".

Entscheidend für die spätere Auswertbarkeit der Daten ist die Wahl eines geeigneten *Skalenniveaus*. Dabei handelt es sich mitnichten um einen Aspekt, der nur in der wissenschaftlichen Forschung Beachtung finden sollte. Die Aussagekraft praktischer Marktforschung steht und fällt mit der Wahl der richtigen Skala. Spricht man in der Forschung von Skalierung, dann geht es darum, einen Maßstab zu entwickeln, mit dem man einen entsprechenden Sachverhalt messen kann. Für eine Reihe von Sachverhalten, wie der Länge einer Strecke, dem Gewicht oder Alter einer Person oder der Außentemperatur gibt es jeweils einen solchen standardisierten Maßstab in Form von Zentimetern oder Metern, Gramm oder Kilogramm, Jahren oder Grad Celsius. Für viele Dinge, die wir in der praktischen Marktforschung erheben wollen, muss ein solcher Maßstab erst entwickelt werden. Dies gilt z. B. für die Abfrage der Kundenzufriedenheit, des Markenimages oder der Wiederkaufwahrscheinlichkeit. Je nachdem, welches Niveau dieser Maßstab aufweist, unterscheidet man drei unterschiedliche Skalenniveaus: Nominalskala, Ordinalskala, metrische Skala. Während die Nominalskala das niedrigste Skalenniveau aufweist und aus statistischer Sicht die wenigsten Auswertungsmöglichkeiten mit sich bringt, steigt das Skalenniveau über die Ordinalskala hin zur metrischen Skala an. Eine *Nominalskala* ist dadurch gekennzeichnet, dass sie alleinig eine Klassifikation der Antworten als „liegt vor/liegt nicht vor" zulässt. Eine Abstufung oder Bildung einer Reihenfolge ist mit diesen Antworten genauso wenig möglich, wie die Durchführung mathematischer Prozeduren. Für die Abfrage des Geschlechts als „weiblich/männlich/divers" ist die Nominalskala durchaus geeignet – für die Abfrage der Zufriedenheit, bei der es um Abstufungen geht – eher nicht. Eine *Ordinalskala* hingegen erlaubt den Teilnehmenden wie auch dem Marktforscher in der Auswertung eine Reihenfolge der Antworten zu bilden. Bitten Sie die Probanden beispielsweise eine Reihenfolge aus ihren Lieblingsmarken zu bilden, dann entspricht dies einer ordinal skalierten Variablen. Die *metrische Skala* vereint die Eigenschaften der Nominal- und Ordinalskala und lässt zudem die Bildung von Abständen zwischen den Antworten zu. Hier lässt sich noch einmal unterscheiden zwischen der Intervall- und Verhältnisskala, worauf an dieser Stelle verzichtet werden soll. Diese Form der Skalierung erlaubt es, dass die Antworten der Probanden durch Addition/Subtraktion sowie Multiplikation/Division analysiert werden können. Metrische Skalen gehen davon aus, dass der wahrgenommene Abstand zwischen zwei Antwortoptionen konstant gleich groß ist. Die in der Marktforschung beliebte Ratingskala, die die Meinung der Probanden auf einer mehrstufigen Abfrage erhebt (z. B. Wie zufrieden sind – 1 *sehr zufrieden* bis 5 *gar nicht zufrieden*) ist streng genommen eine Ordinalskala, da die Abstände zwischen den Stufen nicht gleich groß sein müssen. In der betrieblichen Marktforschungspraxis werden diese Skalen jedoch als metrisch behandelt.

Grundsätzlich gilt: Wählen Sie, wann immer möglich, ein hohes Skalen-niveau für Ihre Fragen. Mit einem höheren Skalenniveau steigt auch die Differenzierbarkeit der Antworten der Probanden. Metrische Skalen er-lauben in der Auswertung den Einsatz vielfältiger Analyseinstrumente (Abschn. 9.1).

Die Unterschiede zwischen den Skalenniveaus sowie beispielhafte Fra-genformulierungen lassen sich der Abb. 7.4 entnehmen.

*Neutrale Begriffe* zu verwenden heißt im Umkehrschluss solche Be-griffe zu vermeiden, welche in besonderer Weise positiv oder negativ belegt sind und ein entsprechendes Bild hervorrufen oder mit deutli-chen Vorurteilen behaftet sind. Sie können zu einer Emotionalisierung und falschen Antworten führen. „Beamter" führt beispielsweise bei vie-len Menschen zu spontanen Assoziationen wie Faulheit, Langsamkeit, Dienst nach Vorschrift etc. Werden nun die Kunden einer kommuna-len Einrichtung wie etwa dem Einwohnermeldeamt nach ihrer Zufrie-denheit befragt, führt die Formulierung „Wie zufrieden sind sie mit der

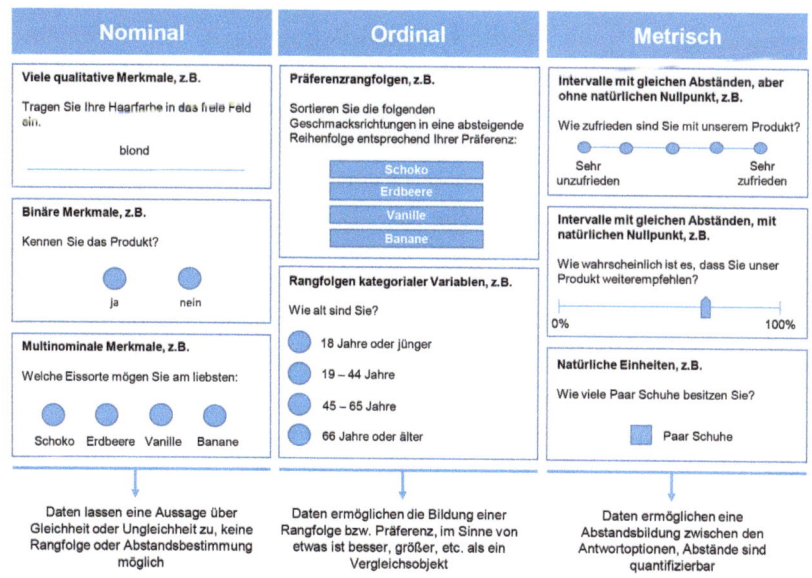

Abb. 7.4  Skalenniveaus und Anwendungsbeispiele

Serviceorientierung unserer Beamten" im Vergleich zur gleichen Frage mit dem Begriff „Mitarbeiter" anstelle von „Beamte" zu schlechteren Zufriedenheitswerten.

Im Rahmen einer *balancierten Fragestellung* sind alle Antwortoptionen gleichberechtigt zu nennen. Dies ist besonders dann wichtig, wenn es sich um positive und negative Antwortoptionen handelt. „Sind Sie für die Einführung eines Tempolimits – ja/nein/weiß nicht" ist keine balancierte Fragestellung und wird im Vergleich zur wirklichen Meinungsverteilung in der Bevölkerung einen erhöhten Anteil von Ja-Antworten ergeben. Balanciert formuliert lautet die Frage: „Wie ist Ihre Meinung zur Einführung eines Tempolimits? Ich befürworte die Einführung./Ich lehne die Einführung ab./Ich habe derzeit keine Meinung dazu." Der Unterschied besteht darin, dass in der nicht-balancierten Version bereits in der Fragestellung eine Richtung „Sind Sie für …" vorgegeben wird. Die balancierte Variante formuliert dies neutral „Wie ist Ihre Meinung …" und erwähnt beide Hauptvarianten erst in den Antworten gleichberechtigt.

Die Verwendung *zielgruppenadäquater Begriffe* ist dann bedeutsam, wenn Zielgruppen befragt werden, die sich durch spezielle Fachausdrücke auszeichnen, häufig bei B2B-Befragungen. Bei allgemeinen Bevölkerungsbefragungen ist die Verwendung von Fachausdrücken kontraproduktiv, wenn sie nicht allgemeinverständlich sind. Werden Orthopäden nach der Bedeutung physikalischer Therapien im Rahmen ihrer Behandlungen gefragt, so ist ihnen die Bedeutung dieses Begriffes im Rahmen ihrer Fachsprache klar. Bei Patienten besteht hingegen die Gefahr einer Verwechslung mit Physiotherapie im Sinne von Krankengymnastik, oder mit dem ausschließlichen Einsatz von technischen Geräten. Deshalb kann es zu unbewusst falschen Antworten kommen, wenn diese z. B. danach gefragt werden, welche Therapien bei ihnen in der Vergangenheit angewandt wurden.

Die Bedeutung *konkreter Fragen/Begriffe* bei der Frageformulierung wird stark durch das Erkenntnisinteresse bestimmt. Für einen Fahrradhersteller, welcher das Marktpotential für Fahrräder in einer Zielgruppe analysieren möchte, ist die Frage „Fahren Sie Fahrrad?" nicht konkret genug, da sie offenlässt, was unter „fahren" zu verstehen ist. Einige Befragte könnten dies im Sinne von „ich kann grundsätzlich Fahrradfahren" interpretieren, andere im Sinne von „ich nutze regelmäßig ein Fahrrad". Im Sinne des Marktpotentialziels ist folgende Konkretisierung denkbar „Sind Sie in den letzten 6 Monaten mit einem Fahrrad gefahren?".

## Don'ts der Frageformulierung

Eine *Überforderung des Befragten* kann schnell eintreten, etwa wenn eine Antwort Zwischenüberlegungen erfordert, welche Befragte jedoch oft nicht anstellen. Auf die Frage „Wie viel Prozent Ihres Einkommens geben Sie für das abendliche Ausgehen aus?" werden die meisten Menschen intuitiv antworten. Nur wenige Befragte werden gedanklich nachvollziehen, wie häufig sie durchschnittlich im Monat ausgehen, wie viel sie dabei durchschnittlich ausgeben, welche monatlichen Ausgaben sich daraus ergeben und wie viel Prozent dies in Relation zu ihrem Nettoeinkommen ausmacht. Die zumeist intuitiv geschätzten Antworten werden mit Sicherheit von den wirklichen Ausgabenanteilen abweichen. Als Alternative bietet sich eine Aufteilung in drei Fragen an, analog zur geschilderten Kalkulation.

*Suggestivfragen* bezeichnen Fragen, welche den Befragten in eine bestimmte Richtung leiten, eine bestimmte Antwort nahelegen. Die Antworten auf „Sind Sie, wie die Mehrheit der Deutschen, auch für die Einführung eines Tempolimits?" entsprechen mit Sicherheit nicht der tatsächlichen Meinungsverteilung in der Bevölkerung.

Bei *mehrdimensionalen Fragen* wird mehr als ein Aspekt in einer Frage abgefragt. „Sind Sie für die Einführung eines Tempolimits und einer CO2-Abgabe?" kann nur von Menschen richtig, d. h. ihrer tatsächlichen Meinung entsprechend, beantwortet werden, welche die gleiche Meinung zu beiden Aspekten haben. Bei allen anderen führt die Frage zu Unverständnis. Mehrdimensionale Fragestellung sind entsprechend ihrer einzelnen Aspekte in mehrere Fragen aufzuteilen: „Wie ist Ihre Meinung zur Einführung eines Tempolimits? und „Wie ist Ihre Meinung zur Einführung einer CO2-Abgabe?".

Antworten auf *hypothetische Fragen* sind oft mit einer geringen Zuverlässigkeit verbunden. Hypothetische Fragen lassen sich jedoch nicht immer vermeiden. „Wenn in Musterstadt ein Sportfachgeschäft mit Lieferservice für Ski eröffnen würde, würden Sie dann dort kaufen und diesen nutzen?" ist ein Beispiel einer typischen Was-Wäre-Wenn-Frage.

Alternativ ist die Frage ins Hier und Jetzt und die wirkliche Lebenssituation des Befragten zu übertragen. „Wie zufrieden sind Sie mit den Serviceangeboten der Sportfachgeschäfte in Musterstadt rund um das Thema Skier?" und „Gibt es Serviceangebote, die Sie derzeit vermissen?"

Eine *doppelte Verneinung* erschwert das Verständnis und führt dementsprechend zu geringerer Zuverlässigkeit. „Sind Sie dagegen, dass kein Tempolimit eingeführt wird?" wird bereits in der Befragungssituation zu Verwirrung führen und sollte umformuliert werden in „Wie ist Ihre Meinung zur Einführung eines Tempolimits?".

## 7.4  Sensible Themen, keine Meinung und Manipulation

In der Praxis tritt sehr häufig die Frage auf, wie mit sensiblen Themen und einer fehlenden Meinung von Befragten umzugehen ist. Beides wird im Folgenden erörtert. Abschließend wird beispielhaft gezeigt, wie eine unsaubere Fragenformulierung zu unzuverlässigen Aussagen führen kann.

### Umgang mit sensiblen Themen

Sensible Themen stellen eine besondere Herausforderung in der Marktforschung dar. Diese sind zum einen Themen, welche sehr nahe an der Persönlichkeit des Befragten sind, z. B. Einkommen, Alter, Religionszugehörigkeit, Krankheiten. Zum anderen sind es Themen, welche sich auf sozial unerwünschte Verhaltensweisen oder Eigenschaften beziehen, z. B. Alkohol- oder Drogenkonsum, umweltschädliches Verhalten, extreme politische Ansichten usw. Solche Themen sind mit speziellen Herausforderungen verbunden. Zum einen besteht die Gefahr, dass der Befragte eine Antwort auf diese Frage verweigert und im schlimmsten Fall das Interview komplett abbricht. Zum anderen haben Antworten auf sensible Fragen, wenn sie direkt gestellt werden, eine geringe Zuverlässigkeit. Dies trifft beispielsweise auf die direkte Frage nach dem Einkommen zu. Bei dieser zeigt sich, dass Menschen mit geringem Einkommen tendenziell etwas höhere Werte angeben und Menschen mit einem höheren Einkommen tendenziell etwas geringere Beträge. Schließlich besteht die Gefahr, dass die Verärgerung über eine sensible Frage negative Auswirkungen auf die Zuverlässigkeit der folgenden Antworten hat. Abb. 7.5 gibt einen Überblick über die mit sensiblen Themen verbundenen Probleme und deren Lösungsmöglichkeiten, auf welche im Folgenden eingegangen wird.

*Ungefähre Angaben* werden häufig abgefragt, wenn quantifizierbare und nicht sehr sensible Informationen von Interesse sind. Typische Beispiele sind Einkommen und Alter. Für sie werden zumeist Kategorien vorgegeben, z. B. „Wie hoch ist Ihr monatliches Haushaltsnettoeinkommen?   <1500 EUR/1500 EUR    <2300 EUR/2300 EUR <3500 EUR/3500 EUR <4900 EUR" usw. Je größer die Klassen, desto höher die Antwortwahrscheinlichkeit. Wird bei Bevölkerungsbefragungen beabsichtigt, die Befragten mit der Grundgesamtheit zu vergleichen, so empfiehlt es sich, die gleichen Einkommensklassen zu verwenden, wie das Statistische Bundesamt.

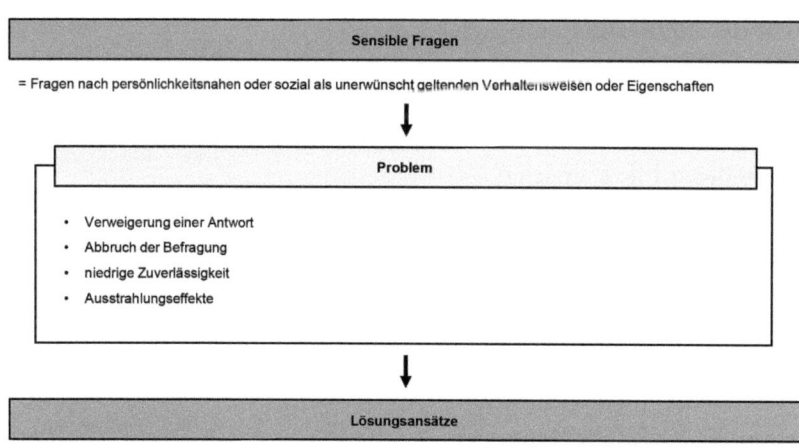

**Abb. 7.5**  Umgang mit sensiblen Themen

Einen hohen Einfluss auf die Vermeidung negativer Effekte hat das *Herausstellen der Vertraulichkeit/Anonymität.* Dies kann entweder durch die Betonung zu Beginn der Befragung bzw. der betreffenden Frage geschehen oder durch die Befragungsart. Einem in eine Box geworfenen Fragebogen dürften mehr Menschen völlige Anonymität zusprechen, als einem durch Klick erreichbaren Fragebogen aus einer personalisierten E-Mail. Bei persönlichen Befragungen ist das im Vorfeld und während des Interviews aufgebaute Vertrauensverhältnis zum Befragten ein bedeutsamer Einflussfaktor.

Bei der *Verharmlosung* einer Handlung oder Eigenschaft ist sehr sorgsam vorzugehen, um keine negativen Einflüsse (z. B. im Sinne einer leitenden Fragestellung) zu erzeugen. Möglichkeiten einer Verharmlosung bestehen beispielsweise darin zu erwähnen, auf wie viele Menschen eine bestimmte Tatsache zutrifft und darüber eine gewisse Normalität zu suggerieren. „54 % der Deutschen haben schon einmal Marihuana zu sich genommen." Eine weitere Möglichkeit zur Verharmlosung bzw. Normalisierung eines Sachverhaltes ist, unterschiedliche Meinungen zu einem Thema darzustellen „Medizinisch werden die Auswirkungen von Marihuana sehr unterschiedlich bewertet".

Mit noch größerer Vorsicht ist eine *Unterstellung* zu handhaben. Fragen wie „Was haben Sie empfunden, als Sie das erste Mal Marihuana genommen haben?" können schnell auch Reaktanz auslösen und den gegenteiligen Effekt erzielen.

Ein deutlich subtileres Mittel ist die *entpersonalisierte/indirekte Frage*. Eine gängige Form der entpersonalisierten Frage ist, den Befragten nicht nach seiner persönlichen Meinung zu Fragen, sondern die Befragung in sein soziales Umfeld, seine Peergroup, zu verlagern. „Was schätzen Sie, welcher Anteil Ihrer Bekannten konsumiert mindestens einmal im Monat Marihuana?" „Wie ist die Mainstream-Meinung Ihrer Bekannten zu Marihuana?". Bei der indirekten Frage wird versucht, die Meinung des Befragten, z. B. zu Marihuana durch die Bewertung von Sachverhalten auszulesen. „In Süddeutschland ist ein Besitzer von 500 g Marihuana zu einer Freiheitsstrafe von 5 Jahren verurteilt worden. Wie bewerten Sie dieses Urteil?" wird von Menschen mit einer negativen Einstellung zu Marihuana anders bewertet werden als von Befürwortern des Marihuanakonsums.

Eine *Positionierung sensibler Fragen am Ende* ist bereits im Rahmen der Fragebogenstruktur erörtert worden. Am Ende des Interviews sind Vertrautheit und Vertrauen höher und mögliche negative Auswirkungen geringer.

**Umgang mit fehlender Meinung**

Sehr häufig wird in der Praxis diskutiert, ob bei den Antwortalternativen eine Option „keine Angabe" oder „ich habe keine Meinung dazu" anzubieten ist oder nicht. Abb. 7.6 gibt einen stichworthaften Überblick über die Diskussion und wird im Folgenden pragmatisch erörtert.

Werfen wir zunächst einen Blick auf die Konsequenzen, wenn die Option „keine Meinung/Angabe" *nicht angeboten* wird. Hat der Befragte zu Befragungsbeginn keine Meinung, bildet sich eine und gibt diese Meinung bei der Befragung an, so ist das gut. Seine angegebene Meinung spiegelt seine tatsächliche Meinung wider. Hat er keine Meinung und lässt die Frage unbeantwortet, so ist das schlecht. Seine wirkliche Meinung, nämlich, dass er keine hat, wird in der Befragung nicht abgebildet. Gleiches gilt für den Fall, dass er keine Meinung hat, jedoch

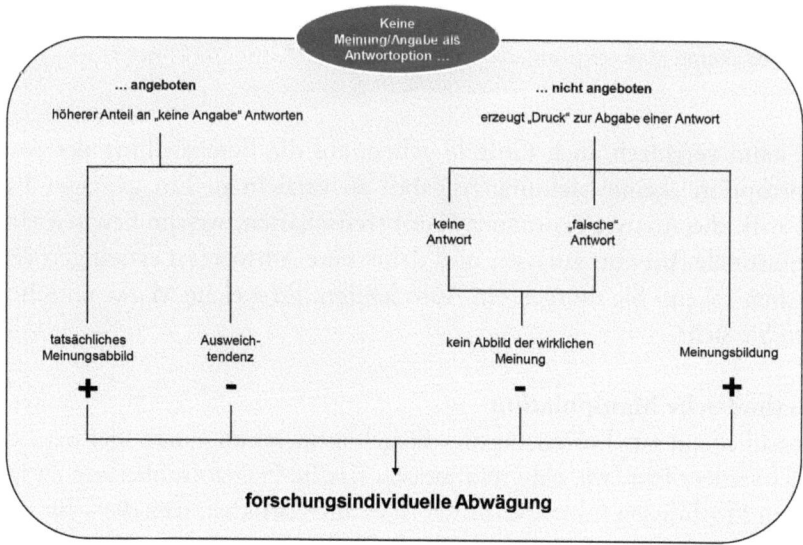

**Abb. 7.6** Umgang mit fehlender Meinung

eine der gegebenen Antwortoptionen auswählt. Diese entspricht nicht seiner wirklichen, fehlenden Meinung.

Wird die Option „keine Meinung/Angabe" *angeboten*, so werden alle diejenigen, welche keine Meinung haben, diese Option auswählen. Dies ist gut, da es ihre tatsächliche Meinung widergibt. Es besteht jedoch die Gefahr, dass Personen, welche eine Meinung haben, die sie als sozial unerwünscht einstufen oder aus anderen Gründen nicht preisgeben möchten, „keine Meinung" als willkommene Ausweichantwort nutzen. Dies ist schlecht, da die gegebene Antwort dann nicht der wirklichen Meinung entspricht. Die diskutierten Vor- und Nachteile sind im Einzelfall abzuwägen.

Für die meisten Fälle kann Folgendes gesagt werden: Wird die Alternative „keine Meinung/Angabe" als Antwortoption angegeben, so ist der Anteil, welcher auf die Kernantworten (z. B. Befürwortung/Ablehnung eines Tempolimits) entfällt geringer als bei der Alternative ohne „keine Meinung/Angabe". Im Gegenzug ist die Zuverlässigkeit der Antworten auf die Kernkategorien mit „keine Meinung/Angabe"-Alternative höher als ohne.

> Aus dieser Überlegung resultiert die Empfehlung, eine Antwortalternative „keine Meinung/Angabe" anzubieten.

Es kann vereinzelt auch Gründe geben, auf die Bereitstellung der Antwortoption „keine Meinung/Angabe" zu verzichten. Ein gängiger Fall ist z. B. die Analyse spontaner Kaufbereitschaften, welche bewusst eine emotionale Antwort zulassen und daher eine Antwort zu erzwingen versuchen „Wenn Sie morgen ein Auto kaufen, für welche Marke entscheiden Sie sich?".

## Methodische Manipulation

Abschließend zur Erörterung des Fragebogens sei an einem kleinen Beispiel verdeutlicht, wie eine methodisch falsche Frageformulierung zu falschen Ergebnissen führt. Natürlich ist es auch denkbar, dass die – für den Laien nicht erkennbare – methodisch falsche Formulierung bewusst eingesetzt wird, um zu manipulieren und genehme Ergebnisse zu erhalten.

Zu analysieren ist die Einstellung der Bevölkerung zu einer CO2-Abgabe. Eine mögliche methodisch korrekte Frage lautet: „Wie ist Ihre Meinung zu einer CO2-Abgabe? Ich befürworte die Abgabe/Ich bin gegen die Abgabe/Ich habe derzeit keine Meinung dazu". Unterstellen wir, 40 % der Bevölkerung sind jeweils dafür bzw. dagegen und 20 % haben derzeit keine Meinung dazu, dann werden die Antworten diese Prozentsätze widerspiegeln. Alternativ wird nun folgende, gegen einige der dargestellten Grundlagen verstoßende Formulierung verwendet: „Sind Sie für eine CO2-Abgabe? ja/nein". Welche Antwortverteilung ist zu erwarten? Nehmen wir an, es werden 1000 Personen befragt. Menschen, die eine gefestigte Meinung dafür bzw. dagegen haben, werden sich auch durch die gewählte Formulierung in der Regel nicht irritieren lassen und entsprechend ihrer tatsächlichen Meinung antworten, somit 400 dafür und 400 dagegen. Von den 200 Menschen ohne Meinung wird ein gewisser Anteil die Frage gänzlich unbeantwortet lassen, nehmen wir an 100 Personen. Von den verbleibenden 100 ohne Meinung wird aufgrund des Phänomens der Ja-Sage-Tendenz ein etwas höheren Anteil mit Ja antworten, vielleicht 70 mit Ja und 30 mit Nein. Wir erhalten somit 900 Antworten, davon 470 ja und 430 nein, welche zur Berechnung der Prozentwerte auf die gültigen 900 Antworten bezogen werden. Die methodisch falsche bzw. manipulative Fragestellung ergibt somit 52 % Befürworter und 48 % Gegner, obwohl die wirklichen Anteile in der Bevölkerung nur jeweils 40 % entsprechen.

## 7.5  KI bei der Fragebogenerstellung

Wie lässt sich die KI als Unterstützung auf den verschiedenen Stufen der Fragebogenerstellung (Wahl der Befragungsform, Strukturierung des Fragebogens sowie Frageformulierung) einsetzen? Starten wir zunächst mit dem wohl bedeutsamsten Aspekt, der zum ausgewählten **Analysemodell korrespondierenden Frageformulierung.**
Bleiben wir im Fallbeispiel, als Hersteller von Wohnmobilen die Zufriedenheit unserer Kunden zu analysieren, um Ansatzpunkte zur

Verbesserung zu identifizieren. Ein entsprechender Prompt zur Frageformulierung ist: *„Als Hersteller von Wohnmobilen analysieren wir die Zufriedenheit unserer Kunden mit dem Zweck, Ansatzpunkte ihrer Verbesserung zu identifizieren. Formuliere 2 beispielhafte Fragen."* Dieser liefert das folgende Ergebnis:

„Wie zufrieden sind Sie insgesamt mit Ihrem Wohnmobil in Bezug auf folgende Aspekte?" (Skala z. B. von 1 = sehr unzufrieden bis 5 = sehr zufrieden), Fahrkomfort, Schlafqualität/Matratzenkomfort …." Erkennbar ist, dass ohne spezifische Vorgabe eines Analysemodells, lediglich eine einfache Zufriedenheitsabfrage mit unzureichender Maßnahmenorientierung abgefragt wird. Entsprechend ist der Prompt zu erweitern *„…Formuliere 2 beispielhafte Fragen. Lege dabei das Adequacy-Importance Modell zugrunde."* Das daraus resultierende Ergebnis zeigt, dass nun je Kriterium eine Frage nach der Zufriedenheit und eine nach der Wichtigkeit gestellt wird.

> Mit dem Prozessfortschritt im Forschungsdesign sind die Ergebnisse der vorangegangenen Stufen, z. B. Auswahl des Forschungsmodells, bei den Prompts in der jeweils aktuellen Stufe (z. B. Frageformulierung) zu berücksichtigen.

Dieser Leitsatz gilt in hohem Maße auch für die **Auswahl** der optimalen **Befragungsform**. Ein unspezifischer Prompt *„Es ist festzulegen, die Befragung der Wohnmobilkunden online, persönlich, telefonisch oder persönlich durchzuführen. Welche Befragungsform ist am besten geeignet?"* liefert nur einen unzureichenden Vorschlag als Kombination aus online und telefonischer Befragung. Empfehlenswert ist, die Kriterien aus Abschn. 7.1 in den Prompt einfließen zu lassen: *„ … Welche Befragungsform ist am besten geeignet? Die Befragungsdauer beträgt ca. 5 min, komplexe Informationen sind nicht zu vermitteln, der Einfluss Dritter während der Befragung ist unkritisch, die Email- und postalischen Adressen liegen vollständig, die Telefonnummern eingeschränkt vor, die Erhebung soll in max. 2 Wochen abgeschlossen sein…"*

Je mehr Kriterien in den Prompt zur Auswahl der Erhebungsform eingebracht werden und je spezifischer diese beschrieben werden können, desto zuverlässiger das Ergebnis.

Sehr gut ist die Qualität von ChatGPT bei der **Strukturierung des Fragebogens**. So werden bei der Aufforderung, einen Fragebogen zu entwerfen, die in diesem Buch geschilderten Regeln, z. B. persönliche Fragen am Ende, zumeist beachtet.

Bei der **Frageformulierung** sind zwei Aspekte zu beachten, zum einen die in Abschn. 7.3 formulierten Do's & Don'ts der Frageformulierung zum anderen die semantische Verständlichkeit im Allgemeinen bzw. für eine bestimmte Zielgruppe. Bei den Do's & Don'ts handelt es sich um Daumenregeln, die einer Objektivierung nur eingeschränkt zugänglich sind. In diesem Kontext ist es zielführend, ChatGPT im Prompt eine entsprechende Zielgruppenrolle zuzuweisen. Im Beispiel ist die Bedeutung bestimmter Behandlungsformen für Orthopäden und Patienten zu erfragen. Wird ChatGPT die Rolle eines Orthopäden zugeteilt, wird in der Frage der Begriff physikalische Therapie verwendet. Wird die Rolle eines Patienten unterstellt, erfolgt eine Beschreibung als „Therapie mit natürlichen Reizen wie Wärmebehandlungen, Wasser oder Reizstrom, z. B. Fango, Kühlpacks und Kneipp-Anwendungen".

In geschilderten Sinne kann die KI neue Fragebögen erstellen. Für bestehende Fragebögen schlägt sie sprachliche Optimierungen zur Verbesserung von Verständlichkeit und Präzision vor und liefert durch iterative Testläufe automatisch Feedback zu Fragebogenstruktur und -formulierung. Dazu folgender Prompt als Beispiel: *„Teste folgenden Fragebogen zur Bewertung unserer neuen Dienstleistung auf Verständlichkeit und Neutralität und schlage eine neutrale Alternative vor."*

Im Fazit können KI-gestützte Methoden KMU wesentlich die Erstellung und Optimierung von Fragebögen erleichtern. Neben dem verwendeten ChatGPT sind **Typeform, SurveySparrow, Jasper.ai** und **Quillionz** als weitestgehend kostenpflichtige Tools nützlich.

**Ihr Transfer in die Praxis**

- Legen Sie fest, welche Kriterien für die Auswahl eines Erhebungsinstruments in ihrem konkreten Marktforschungsprojekt wichtig sind (z. B. eine hohe Antwortquote).
- Bewerten Sie die Instrumente anhand der ausgewählten Kriterien und entscheiden Sie sich bewusst für eine persönliche, schriftliche, telefonische oder Online-Befragung – oder auch eine Kombinationen daraus.
- Versetzen Sie sich in Ihre Zielgruppe. Legen Sie anhand des Interesses am Thema oder Unternehmen die maximale Befragungsdauer fest und bestimmen Sie, falls erforderlich, ein geeignetes Incentive.
- Folgen Sie nach Möglichkeit der vorgestellten Idealstruktur eines Fragebogens und beachten Sie streng die Leitlinien der Fragenformulierung.
- Nutzen Sie für die Erstellung und Optimierung der Datenerhebung und insbesondere des Fragebogens KI mit möglichst konkreten Prompts.
- Beziehen Sie Entscheidungen aus den vorangegangenen Marktforschungsstufen in die Prompts mit ein.
- Testen Sie Ihren Fragebogen unbedingt, bevor Sie mit der gesamten Erhebung beginnen.

# Literatur

Kallus, KW. (2016): Erstellung von Fragebogen, 2. Aufl., Facultas, Wien.

Knapp, F. (2017): Normen und Richtlinien für die Online-Marktforschung im Kontext aktueller Trends. In: Theobald, A. (Hrsg.): Praxis Online-Marktforschung, 1. Aufl., Springer Gabler, Wiesbaden, S. 37–112.

Koch, J., Gebhardt, P. & Riedmüller, F. (2016): Marktforschung – Grundlagen und praktische Anwendungen, De Gruyter Oldenbourg, S. 46–65.

Kreis, H., Wildner, R. & Kuß, A. (2024): Marktforschung – Datenerhebung und Datenanalyse, 8. Aufl., Springer Gabler, Wiesbaden.

Theobald, A. (2017): Rekrutierung, Motivation und Verhalten von Befragungsteilnehmern. In: Theobald, A. (Hrsg.): Praxis Online-Marktforschung, 1. Aufl., Springer Gabler, Wiesbaden, S. 291–358.

# Weiterführende Literatur

Moosbrugger, H. & Kelava, A. (2020): Testtheorie und Fragebogenkonstruktion, 3. Aufl., Springer, Berlin.

Sarstedt, M. & Mooi, E. (2019): A Concise Guide to Market Research, 3. Aufl., Springer, Berlin, S. 61–77.

# 8

# Wahl und Gestaltung der Gruppendiskussion

**Was Sie aus diesem Kapitel mitnehmen**

- Worin liegen die Besonderheiten einer Gruppendiskussion?
- Wann wird eine Gruppendiskussion üblicherweise eingesetzt?
- Wie sieht der ideale Aufbau einer Diskussionsrunde aus?
- Welche Rolle spielt der Moderator?
- Was ist bei der Zusammensetzung der Gruppendiskussion zu beachten?
- Wie können qualitative Daten KI-gestützt analysiert werden?

## 8.1 Besonderheiten der Gruppendiskussion

Bei der Gruppendiskussion (oder auch Focus Group) handelt es sich um ein beliebtes Instrument aus dem Bereich der qualitativen Marktforschung. Es wird immer dann eingesetzt, wenn klassische Befragungsinstrumente mit vorformulierten Fragen und Antwortoptionen an ihre Grenze stoßen. Das ist der Fall, wenn es sich um neuartige Untersuchungsgegenstände handelt, zu denen die Befragten bisher wenig Erfahrung gesammelt haben. Gleiches gilt auch für Themen, die durch die

W. Heidig und T. Dobbelstein, *Quick Guide Marktforschung im Mittelstand,* Quick Guide, https://doi.org/10.1007/978-3-658-49205-2_8

Beteiligung einer Gruppe von Personen und der daraus entstehenden Gruppendynamik in der Antwortsituation profitieren (z. B. beim Feedback zu Werbemaßnahmen oder Prototypen). Im Gegensatz zu einer Befragungssituation mit einem Fragebogen, gleicht die Befragung in einer Gruppendiskussion einer alltäglichen Gesprächssituation.

Wesensprägend für eine Gruppendiskussion ist, dass ein versierter Moderator das Gespräch einer Gruppe von 6–10 Personen mittels eines mehr oder weniger strukturierten Leitfadens steuert und an entsprechender Stelle in der Diskussion auf das Thema zurücklenkt (Kepper 1994, S. 64). Hierbei handelt es sich nicht um eine Gruppenbefragung. Aus Effizienzgründen werden bei einer Gruppenbefragung mehrere Teilnehmer gleichzeitig mithilfe eines Fragebogens (siehe hierzu auch die Ausführungen unter Kap. 7) befragt. Die Gruppendiskussion ist in diesem Sinne keine Befragung, sondern ein Austausch auf den Prinzipien der alltäglichen Gesprächsführung.

Gruppendiskussionen werden in der Praxis in der Regeleingesetzt, wenn neue Produkte oder Marken entwickelt werden, Customer Personas umfassend beschrieben und klassifiziert werden sollen und es den kreativen Input der potenziellen Zielgruppe benötigt. Gleiches gilt natürlich auch für andere wenig strukturierte Untersuchungsgebiete, bei denen es auf die eigene Meinung der Teilnehmer ankommt. **Typische Fragestellungen,** für die eine Gruppendiskussion in der Praxis gut geeignet ist, sind u. a.:

- Was wünschen sich meine Kunden von meinen Produkten bzw. welche Erwartungen haben sie?
- Warum sind unsere Kunden (un)zufrieden?
- Wie nutzen unsere Kunden die Produkte und welche Probleme treten dabei auf?
- Warum würde unsere Zielgruppe das neue Produkt kaufen oder eben auch nicht?
- Wie lässt sich unser Produkt verbessern?
- Wie verlaufen Entscheidungsprozesse?
- Wo liegen die kritischen Touchpoints innerhalb der Customer Journey?
- …

Alle diese Fragestellungen profitieren von dem Gedanken, dass die Gruppendynamik und Alltagsnähe der Gesprächssituation **stimulierende** und **synergetische** Effekte auslösen (Krell und Lamnek 2024, S. 399 f.). So zeigt sich in der Praxis, dass die Antwort eines Teilnehmers die gedanklichen Prozesse der anderen Teilnehmer befeuert und damit häufig mehr Ideen und Antworten stimuliert werden, als bei einer Einzelbefragung. Im Gegensatz zu einer Befragung können zusätzlich zu sprachlich geäußerten Meinungen auch **emotionale Reaktionen** ausgewertet werden. Die Idee einer Gruppendiskussion als Instrument der betrieblichen Marktforschung ist nicht, Konflikte oder extreme gruppendynamische Prozesse zu erzeugen (wie es im Bereich der sozialwissenschaftlichen Forschung der Fall sein kann). Vielmehr soll es darum gehen, eine alltagsnahe Gesprächssituation zu erzeugen, in der eine automatisch entstehende Gruppendynamik kreativitätsfördernde Wirkung entfaltet.

Bei allen Vorteilen und positiven Effekten, die mit der Gruppendiskussion einhergehen, müssen auch die Schwierigkeiten und Nachteile angesprochen werden, die mit diesem Instrument verbunden sind. Diese Schwierigkeiten ergeben sich häufig aus einer mangelnden Vorbereitung der Diskussionsrunde oder dem Einsatz für die falschen Themen. Abhängig von der Zusammensetzung der Gruppe kann die Gruppendynamik auch negative Effekte auslösen, wie **Konformitätsdruck** sowie **Konsens- und Dominanzstreben.** Es ist die Rolle des Moderators diese Effekte frühzeitig zu erkennen und gegenzusteuern. Dieser Punkt wird daher unter Abschn. 8.3 noch einmal genauer beleuchtet. Zudem eignet sich die Gruppendiskussion nicht, wenn es darum geht, individuelle Entscheidungspfade nachzuvollziehen. Hier könnte sich der Einfluss anderer Personen auf die eigenen Äußerungen im Sinne einer sozialen Erwünschtheit negativ auswirken.

Letztlich ist die **mangelnde Repräsentativität** zu erwähnen. Das Ziel der Gruppendiskussion ist nicht, repräsentative Ergebnisse zu liefern. Vielmehr geht es darum vielfältige Insights zu generieren, die zunächst nicht den Anspruch auf Verallgemeinerbarkeit genießen. Die Ergebnisse der Gruppendiskussion sind qualitativen Charakters und damit häufig der Startpunkt für folgende quantitative Untersuchungen, z. B. in Form einer großzahligen Befragung. Die fehlende Repräsentativität ist daher kein Nachteil, sondern ein wesensprägendes Merkmal der Gruppendiskussion, das zugunsten einer höheren Antworttiefe angenommen werden sollte.

## 8.2 Aufbau und Struktur der Gruppendiskussion

Der Erfolg der Gruppendiskussion basiert auf einer guten Vorbereitung. Die folgenden Aspekte gilt es dabei zu beachten:

**Anzahl der Teilnehmer** Üblicherweise sollten zwischen 6 und 10 Personen an einer Gruppendiskussion teilnehmen. Da trotz Einladung immer mit No-shows und kurzfristigen Absagen gerechnet werden muss, ist es empfehlenswert, 20 % mehr Teilnehmer einzuladen, um diesen Korridor zu gewährleisten. Je kleiner die Gruppe ist, desto stärker kommt es auf den Beitrag des Einzelnen an, was auf einige Teilnehmer abschreckend wirken kann. Größere Gruppen von 12 oder gar mehr Teilnehmern haben das Problem, dass sich einzelne sog. Schweiger viel mehr zurückziehen können und in der Gruppe untergehen. Der Einsatz von sog. Mini-Groups, also Fokusgruppen mit 2–4 Teilnehmenden, hat in den letzten Jahren jedoch zugenommen. Sie erlauben dem Unternehmen meist schnell und kostengünstig aktuelle Fragestellungen bearbeiten zu lassen. Sie können sich auch dann als sinnvolle Variante der Gruppendiskussion erweisen, wenn Teilnehmer nur schwer zu akquirieren sind oder eine intimere Atmosphäre in der Runde erwünscht ist.

**Art der Teilnehmer** Wer die Teilnehmer der Gruppendiskussion sind, hängt natürlich vom Untersuchungsgegenstand ab. Wenn es sich um Fragestellungen zur Neuproduktentwicklung handelt, macht es Sinn, Repräsentanten aus der angestrebten Zielgruppe zu rekrutieren. Wenn Vorwissen zum Unternehmen oder dessen angebotenen Leistungen im Mittelpunkt stehen, ist es ratsam, auf jeden Fall auf den bestehenden Kundenstamm zurückzugreifen.

Eine Einladung zu einer Gruppendiskussion wird aufseiten des Kunden dann oft als Wertschätzung empfunden und kann sogar die Kundenbindung steigern.

Ein Bezug zum Untersuchungsgegenstand sollte aber immer gegeben sein. Ein Aspekt, der bei der Zusammensetzung der Diskussionsrunde eine kritische Bedeutung trägt, ist die Frage nach der Gruppenhomogenität. Grundsätzlich gilt, je heterogener eine Gruppe zusammengesetzt ist, desto lebhafter kann die Diskussion ausfallen, desto größer ist jedoch auch das Risiko asymmetrischer Effekte wie Schweigen oder Dominanz. Es empfiehlt sich daher, die Gruppe mit Blick auf das Teilnehmeralter möglichst homogen zu gestalten und heterogen in Bezug auf den Meinungsgegenstand. So ist es beispielsweise denkbar, eine Fokusgruppe mit heavy und light Usern durchzuführen, um einen schnellen Gruppenkonsens zu vermeiden. Es ist dann die Aufgabe des Untersuchungsleiters, die Ergebnisse im Nachgang vor dem jeweiligen Hintergrund der Teilnehmer zu interpretieren.

**Rekrutierung der Teilnehmer** Bei der Bildung der Stichprobe für eine Gruppendiskussion wird häufig auf die bewusste Auswahl zurückgegriffen (siehe Abschn. 6.2.2). Dies ist vor allem darauf zurückzuführen, dass es in der Gruppendiskussion als qualitativem Instrument um die Meinung ausgewählter Personen bzw. Zielgruppen geht, anstatt um die Vermittlung eines verallgemeinerbaren Abbildes der Grundgesamtheit. In der Praxis werden die Teilnehmer daher über Empfehlungen, das Schneeballverfahren oder auch das Piggyback (der Einladung im Rahmen anderer Veranstaltungen wie z. B. Messen oder Kongressen) rekrutiert. Auch die Einladung extremer Fälle (z. B. zufriedener oder unzufriedener Kunden, die sich bereits anderweitig geäußert haben) ist ein beliebtes Vorgehen bei der Rekrutierung.

**Anzahl an Diskussionsgruppen** Auch die Anzahl an zu planenden Diskussionsrunden hängt im Wesentlichen vom Untersuchungsziel ab. Geht es darum, die Meinung unterschiedlicher Zielgruppen zu vergleichen, steigt die Anzahl an notwendigen Diskussionsrunden. Als Orientierung lässt sich grundsätzlich annehmen, dass die Meinungen einer Zielgruppe mit 3–4 Gruppendiskussionen hinreichend erschlossen sind. Dabei gilt der Grundsatz: Wenn sich die Ergebnisse der Diskussionsrunden gleichen und kein weiterer Erkenntnisgewinn mehr zutage tritt, braucht keine weitere Runde mehr geplant zu werden. Dies zeigt sich an folgendem Beispiel: Ein Unternehmen aus der Nahrungsmittelindustrie möchte ein neues Produkt auf den Markt bringen, das für drei Kundengruppen unterschiedlichen Alters relevant sein soll. In diesem Fall bietet es sich an, für jede Kundengruppe ca. 4 Diskussionsrunden mit jeweils neuen Mitgliedern zu planen. Daraus ergibt sich in der Umsetzung ein Bedarf zur Planung von 12 Gruppendiskussionen.

**Dauer und Ort** Die Dauer einer Gruppendiskussion wird im Wesentlichen von der Strukturierung durch den Moderator bestimmt. Durchschnittlich dauert eine Gruppendiskussion zwischen 60 und 90 Min. Um Ermüdungseffekte der Teilnehmer zu vermeiden, sollten 120 Min nicht überschritten werden. Um die Beeinflussung der Teilnehmer sowie sozial erwünschte Antworten zu vermeiden, empfiehlt es sich, einen neutralen Ort für die Durchführung der Fokusgruppe zu wählen. Wird die Untersuchung in Zusammenarbeit mit einem Marktforschungsdienstleister durchgeführt, verfügt dieser häufig über entsprechend ausgestattete Räumlichkeiten. Unabhängig davon haben sich Konferenzräume in Hotels als gute Alternative zur Durchführung im eigenen Hause erwiesen.

**Räumlichkeiten** Die Räumlichkeiten für die Diskussion müssen einladend auf die Teilnehmer wirken. Typischerweise steht jedem Teilnehmenden ein Sitzplatz zur Verfügung. Ein reiner Stuhlkreis ohne Tisch verlangt den Teilnehmenden gerade bei langen Diskussionsrunden viel ab, daher empfiehlt es sich, den Raum als U-Form mit Tischen zu bestuhlen. Daneben muss genügend Platz bleiben, um den Teilnehmenden das ungehinderte Bewegen im Raum zu ermöglichen, gerade wenn interaktive Elemente geplant sind. Als Daumenmaß lassen sich 5 m² pro Teilnehmer ansetzen (Magerhans 2016, S. 177). Für diese interaktiven Elemente bietet sich entsprechendes Moderationsmaterial, wie Metaplankarten, Klebepunkte etc. sowie Flipcharts und Pinnwände an.

Der Einsatz von Aufnahmetechnik (z. B. Kamera, Audioaufzeichnung) sollte gut geplant sein und dezent im Raum platziert werden. Welche Form der Aufzeichnung auch immer gewählt wird, die Zustimmung der Teilnehmenden ist zwingend erforderlich.

**Ablauf** Der typische Ablauf einer Gruppendiskussion gliedert sich in die folgenden Schritte:

• *Vorstellung*: Eine erste Vorstellungsrunde, in der sowohl der Moderator als auch die Teilnehmenden zum Zuge kommen, bricht das Eis und schafft eine positive Atmosphäre. Die Vorstellung der Teilnehmer kann auch mit der Aufforderung zu einem kurzen themenbezogenen Statement verbunden werden, welches im weiteren Verlauf aufgegriffen wird (z. B. „In einem Satz formuliert, was halten Sie von Elektromobilität?").

• *Untersuchungszweck und Datenschutz:* Zu Beginn der Diskussionsrunde müssen alle Teilnehmenden über den Zweck der Untersuchung, den Auftraggeber sowie die Verwendung der Informationen aufgeklärt werden. Es geht in diesem Schritt auch darum, die Zustimmung der Teilnehmer zur Verarbeitung der personenbezogenen Daten sowie der Aufzeichnung des Gesprächs mittels Audio und/ oder Video einzuholen. Dies sollte immer schriftlich erfolgen und wenn möglich, bereits mit der Einladung verschickt werden.

• *Diskussionsimpuls:* Aller Anfang ist schwer – dies gilt auch für den Start der Diskussion. Zur Auflockerung der für alle Teilnehmer ungewohnten Situation ist es von Vorteil, mit einem kurzen Video, einem Cartoon oder ähnlichem in die Diskussion einzusteigen. Abhängig vom Thema der Diskussionsrunde, können auch Produkte oder Produktkonzepte vorgestellt und spontane Assoziationen dazu abgerufen werden. Grundsätzlich gilt, der Einstieg erfolgt mit einfachen und für jeden Teilnehmer leicht zu beantwortenden Fragen oder Themen.

• *Gespräch:* Das eigentliche Gespräch in der Gruppe ist gekennzeichnet vom aktiven Zuhören des Moderators, der gezielten Steuerung durch Rückfragen und Impulse sowie das Aufgreifen von Redebeiträgen der Teilnehmenden. Die Do's und Don'ts der Moderation werden im Abschn. 8.3 gesondert beleuchtet. Praktisch ist es, wenn neben dem

Moderator auch immer eine zweite Person anwesend ist, um das Gespräch in der Gruppe zu protokollieren. Trotz der Aufzeichnung mit Video oder Audio hat es sich als sinnvoll erwiesen, dass sich der Protokollant bereits in der Situation Notizen zu Kernaussagen oder Situationen macht, die in der Auswertung besondere Aufmerksamkeit erfahren sollten.

- *Abschluss und Verabschiedung:* Zum Abschluss der Gesprächsrunde wird den Teilnehmenden die Möglichkeit gegeben, weitere Gedanken zu äußern, die im bisherigen Verlauf nicht eingebracht wurden. Die Aufgabe des Moderators ist es, die Ergebnisse noch einmal zusammenzufassen. Auch die Möglichkeit eines Feedbacks an die Moderation wird meist wertschätzend aufgefasst. Wenn die Teilnehmenden dem zustimmen, kann im Nachgang zu der Fokusgruppe ein telefonisches Nachfassen stattfinden. Hier besteht die Möglichkeit, Beiträge zu sammeln, die den Teilnehmern erst später eingefallen sind.

**Leitfaden** Im Gegensatz zu einem Fragebogen (siehe Kap. 7), dient der Leitfaden der Strukturierung des Gesprächs mit der Gruppe, ohne dabei geschlossene Fragen mit vorgefertigten Antwortkategorien zu liefern. Es geht in einer Gruppendiskussion eben nicht darum, quantifizierbare Daten zu erhalten die am Ende ausgezählt werden können, sondern darum, die Aussagen der Teilnehmenden zu interpretieren. Daher besteht der Leitfaden aus einer Reihe offener Fragestellungen, die sich in einer logischen Kette – ähnlich einem Trichter – aufspannen. Geeignete Fragen für den Leitfaden beginnen in der Regel mit einem der sieben W-Fragewörter:

- **Wer ...?**
- **Was ...?**
- **Wann ...?**
- **Wo ...?**
- **Warum ...?**
- **Wie ...?**
- **Wozu ...?**

Diese Fragewörter verhindern, dass Fragen einfach mit einem Ja oder Nein abgetan werden. Geschlossene Fragen oder Suggestivfragen (im Sinne von „Finden Sie nicht auch, dass…") sind auf jeden Fall zu vermeiden.

> Der Aufbau des Leitfadens sollte sich an einem Trichter orientieren und von allgemeinen hin zu spezifischen Themen leiten.

Ein guter Leitfaden zeigt dem Moderator neben den Hauptfragen, auch immer einige Unterfragen und Paraphrasierungen auf. Diese dienen der Verfeinerung der Hauptfragen, sollte die Diskussion einmal ins Stocken geraten und eine weitere Stimulierung der Teilnehmer notwendig werden. Gleiches gilt auch für "Regieanweisungen" (siehe Beispiel). Diese werden in einer separaten Spalte ebenfalls festgehalten und erinnern den Moderator daran, welches Stimulusmaterial ergänzend eingesetzt werden kann. Der Leitfaden ist nicht zur Aushändigung an die Teilnehmenden gedacht.

**Fragetechniken & Stimulusmaterial** Ähnlich wie der Fragebogen, startet auch der Leitfaden mit einer kurzen Vorstellung der Teilnehmenden sowie einer leicht zu beantwortenden *Eröffnungsfrage*. Ziel ist ein möglichst früher Beitrag jedes Teilnehmers. Einstiegsfragen erfordern vom Teilnehmer ein Statement bzw. eine Aussage, sie sind leicht und kurz zu beantworten (ca. 20–30 s) und werden zu dem Zeitpunkt noch nicht diskutiert. Beispielhaft lässt sich hier danach fragen, wie lange die Teilnehmer schon Kunden des Unternehmens sind oder seit wann sie bereits am Kundenbindungsprogramm teilnehmen. Daran schließen sich die *Einleitungsfragen* an, die einen ersten direkten Bezug zum Diskussionsthema herstellen. Hierbei geht es vor allem um erste Assoziationen und eigene Erfahrungen mit dem betreffenden Produkt bzw. Unternehmen. So könnte die Frage eines Einzelhändlers mit eigenem Onlineshop z. B. sein „Wann haben Sie zum letzten Mal in dem Onlineshop Mustershop bestellt?". Die anschließende *Überleitungsfrage* (z. B. „In eigenen Worten ausgedrückt, wie zufrieden waren sie mit dieser Bestellung?") sichert daraufhin den Übergang zu dem eigentlichen Diskussionsthema und den zentralen Fragen. Der zentrale Fragepart startet nach dem ersten Drittel, spätestens aber mit der Hälfte der veranschlagten Diskussionszeit. Diese *Schlüsselfragen* sollten den Diskussionsgegenstand hinreichend erfassen und der Gruppe die Möglichkeit geben, das Thema „auszudiskutieren". Dabei hat sich der wechselseitige Einsatz folgender Elemente als aktivierend erwiesen:

- Konfrontation einzelner oder aller Teilnehmer mit polarisierenden Aussagen
- Einsatz von Stimulusmaterial (z. B. Produkte, Werbung, Konzepte etc.)
- Einsatz von Punktbewertungsverfahren am Flipchart
- Bildung von Zweiergruppen zur Bearbeitung einer Unterfrage inkl. Präsentation
- Kurzsessions zur Erarbeitung von Ideen jedes einzelnen Teilnehmenden und Präsentation
- Assoziationstechniken und weiterer Kreativitätstechniken zur Ideenfindung

Den *Schlussfragen* kommen im Anschluss an die eigentliche Diskussion dann mehrere Aufgaben zu: zum einen werden die Teilnehmer gebeten, eine abschließende Meinung (z. B. ein 30-s-Statement oder eine persönliche Gewichtung der Themen) abzugeben; zum anderen hat der Moderator die Möglichkeit die Ergebnisse der gesamten Diskussionsrunde in 2–3 Min. zusammenzufassen und diese Zusammenfassung auf Richtigkeit durch die Teilnehmer verifizieren zu lassen. Damit wird sichergestellt, dass keine Aspekte verloren gehen und die anschließende Interpretation der Ergebnisse durch den Marktforscher in die richtige Richtung geht.

---

**Beispiel: Ablauf einer Gruppendiskussion & Aufbau eines Leitfadens**

*Begrüßung & Einführung in die Methodik*
- Dank für Teilnahmebereitschaft
- Vorstellung des Auftraggebers bzw. durchführenden Unternehmens sowie des Moderators
- Erklärung des Studienziels
- Erläuterung des Ablaufs und Zeitplans
- Vertraulichkeit und Datenschutz
- Rückfragen der Teilnehmer

***Start der Gruppendiskussion*** *(und der Aufnahme)*
- Eröffnungsfragen
- Einleitungsfragen
- Überleitungsfragen
- Schlüsselfragen

| | Leitfrage | Worüber sollte gesprochen werden? | Visualisierungen bzw. Stimulusmaterial | Nachfragen |
|---|---|---|---|---|
| *Einleitungs-frage* | *Beispiel: Stellen Sie sich bitte einmal vor und sagen Sie uns, in einem Satz, welche Bedeutung Mode für Sie hat* | *Beispiel:* • *Alter* • *Familienstand* • *Interessen* • *Bedeutung von Mode* | *Beispiel:Meta-plankarten* | *Beispiel:* • *Was würden Ihre Freunde über Sie sagen?* • *Was könnte für diese Runde noch interessant sein?* |
| *Schlüsselfrage* | *Beispiel: Wir haben in den letzten Monaten das Design unserer Produkte verändert. Was ist Ihnen daran positiv und was negativ aufgefallen?* | *Beispiel:* • *Ist es aufgefallen?* • *Wurde es seitdem gekauft?* • *Hat man Unterschiede festgestellt?* • *Was findet man gut daran?* • *Was findet man negativ daran?* | *Beispiel: Vorher – Nachher Produkt zeigen* | *Beispiel:* • *Können Sie dazu ein Bsp. nennen?* • *Können Sie dazu noch mehr erzählen?* • *Haben Sie selber Erfahrungen damit gemacht?* |
| | ... ... | ... ... | ... ... | ... ... |

***Abschluss der Gruppendiskussion***
- Schlussfragen
- Feedback einholen
- Dank für die Teilnahme

**Rolle des Moderators** Die Moderation einer Gruppendiskussion ist erfolgsbestimmend für eine Gruppendiskussion. Der Moderator beeinflusst durch sein Kommunikationsgeschick die Atmosphäre innerhalb der Gruppe, die Geschwindigkeit des Diskussionsbeginns, die Lebendigkeit der Diskussion innerhalb der Gruppe und die Fülle an Ergebnissen. Es ist seine Aufgabe, alle Teilnehmer der Gruppe abzuholen und zu animieren, sich in das Gespräch einzubringen. Neben der Kontrolle der Gruppendynamik muss er ebenfalls den Leitfaden und das inhaltliche Vorankommen im Auge behalten und verhindern, dass sich die Gruppe in unwichtigen und für die Forschungsfrage irrelevanten Themen verläuft. Für die Rolle als Moderator sollte daher eine Person gewählt werden, die über entsprechende Moderationserfahrungen in anderen Zusammenhängen und/oder ein entsprechendes Kommunikationsgeschick verfügt. Häufig stellt sich dann die Frage, ob es eine gute Idee ist, die Moderation durch einen Mitarbeiter aus dem eigenen Unternehmen durchführen zu lassen. Grundsätzlich gilt: Kann die Neutralität und Objektivität in der Diskussionsbegleitung gewährleistet werden, steht dem nichts entgegen.

> Um einen potentiellen – wenn auch unbeabsichtigten – Einfluss auf die Diskussionsgruppe zu vermeiden, empfiehlt es sich, einen externen und unabhängigen Moderator zu beauftragen.

Ein externer Moderator bringt nicht nur methodisches Know-how mit in die Planung und Durchführung, sondern entzieht sich damit auch einer späteren Kritik, die Ergebnisse der Gruppendiskussion seien sozial erwünscht. Auch ein externer Moderator wird sich vorab mit dem Unternehmen und Untersuchungsgegenstand auseinandersetzen und sich das erforderliche unternehmensspezifische Wissen aneignen (z. B. über vorherige Befragungen, Kundenmeinungen in Kundenforen oder den sozialen Medien etc.).

# 8.3    Do's und Don'ts der Gesprächsführung

Im Abschn. 7.3 wurden die Do's und Don'ts der Frageformulierung in einem Fragebogen bereits ausführlich beschrieben. Diese gelten auch im Zusammenhang eines Diskussionsleitfadens und sollen an dieser Stelle nicht wiederholt werden. Daneben kommt der eigentlichen Moderation einer Gruppendiskussion eine kritische Bedeutung zu, da diese den Verlauf des Gesprächs im Wesentlichen beeinflusst. Die Rolle des Moderators ist die eines aktiven Zuhörers, der an entscheidenden Punkten nachfragt und die Diskussion entlang des Leitfadens steuert. Der Moderator ist zwar Teil der Gruppe, bringt seine eigenen Meinungen jedoch nicht ein. Wenngleich es in einer Fokusgruppe nicht um die Formierung eines Teams geht, lassen sich die vier Phasen des Gruppenbildungsprozesses nach Tuckman (1965) auch bei Diskussionsgruppen erkennen (Kepper 1994, S. 69; Chrzanowska 2002, S. 49). Die Aufgabe des Moderators ist es, ein Gespür für die jeweilige Phase zu haben und die Gruppe möglichst schnell in die Performing-Phase zu führen. In dieser Phase geht es weniger um Teamleistungen, sondern vielmehr um eine Diskussion, in der alle Gruppenmitglieder gleichberechtigt und wertschätzend Beiträge einbringen können. Der Moderator steuert das Gruppengeschehen entlang dieser Phasen. Die Merkmale der vier Phasen sowie die Handlungsanweisungen für den Moderator lassen sich der Abb. 8.1 entnehmen.

Um die Teilnehmer möglichst schnell in die Performing-Phase zu begleiten, sind die folgenden Do's und Don'ts zu beachten.

**Do's der Gesprächsführung**
Der Moderator versteht sich als *aktiver Zuhörer,* weniger als Meinungsgeber. Die Meinung des Unternehmens oder des Moderators hat in der Diskussionsrunde keinen Platz und würde den Erkenntnisraum einengen. Die Aufgabe des Moderators besteht darin, die Diskussion durch gezieltes Aufgreifen von Themen zu beleben – etwa mit Fragen wie: „Können Sie konkretisieren, wie Sie das gemeint haben?", „Habe ich Sie richtig verstanden, dass…" oder „Könnten Sie uns dafür ein Beispiel geben?". Die Rede-

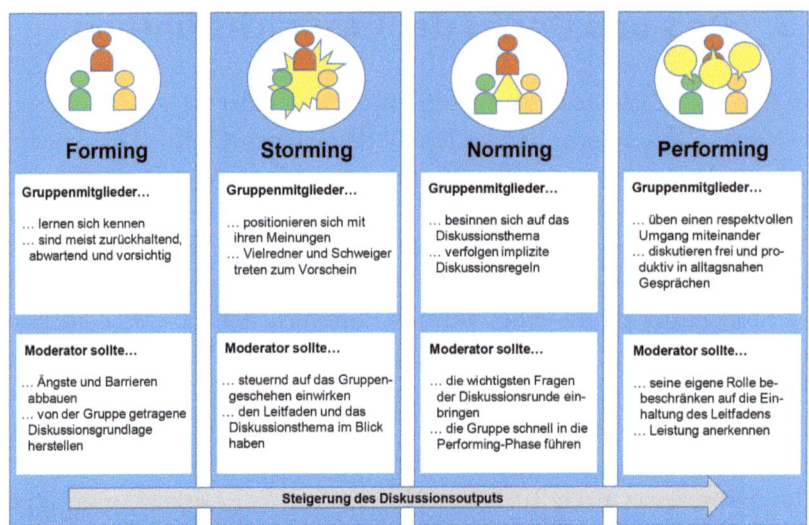

**Abb. 8.1** Phasen der Gruppendiskussion (In Anlehnung an die Ausführungen von Tuckman 1965 und Chrzanowska 2002, S. 48–53)

beiträge der Teilnehmenden sollten daher weder korrigiert, noch moderationsseitig kommentiert werden (Kühn und Koschel 2018, S. 21–24).

Die Verwendung allgemeinverständlicher *Begrifflichkeiten* steht im Zentrum des Leitfadens. Die erste und häufigste Rückfrage von Teilnehmern, die zu einer Gruppendiskussion eingeladen werden ist, ob dafür eine Vorbereitung notwendig ist. Häufig ist die Teilnahme begleitet von der Befürchtung, aufgrund von Unwissen des Themas keinen Beitrag bringen zu können. Diese Angst kann den Teilnehmenden bereits mit der Einladung genommen werden, indem Ziel und Thema der Runde klar und allgemeinverständlich dargestellt werden. Auch in der eigentlichen Moderation wird auf Fachbegriffe und unternehmensspezifische Termini üblicherweise verzichtet. Erfahrungsgemäß stellen die meisten Teilnehmer innerhalb der Diskussion keine Rückfrage zu unklaren Begriffen – oft aus Sorge, sich vor den anderen bloßzustellen. Dies mündet dann häufig im Schweigen und der Minderung des Engagements im Gruppengeschehen. Es empfiehlt sich daher, wie mit allen Marktforschungsinstrumenten, diese vorab bei einer kleinen Anzahl an Personen der Zielgruppe zu testen.

Die Gruppendiskussion in der praktischen Marktforschung gleicht, wie bereits beschrieben, einer *alltagsnahen Gesprächssituation*. Die Aufgabe des Moderators ist es daher nicht, den Leitfaden konsequent und Punkt für Punkt an allen Teilnehmern „abzuarbeiten". Der Anspruch der Gruppendiskussion als qualitatives Instrument besteht eben nicht darin, Daten standardisiert zu erheben und damit vergleichbar zu machen. Der Charme liegt genau in dem Umstand, sich flexibel auf die Teilnehmer und den Gesprächsverlauf einstellen zu können. Eine flexible Anpassung des Leitfadens, das Vorziehen oder Zurückstellen von Fragen sind daher ausdrücklich vorgesehen!

**Don'ts der Gesprächsführung**

In einigen Diskussionsrunden können sich schnell *Zwiegespräche* zwischen dem Moderator und einem Teilnehmer oder zwei Teilnehmern untereinander ergeben. Dies führt in der Regel zur Langeweile der restlichen Teilnehmenden und sollte daher vermieden werden. Es ist daher ratsam, neben dem Moderator noch einen Co-Moderator hinzuzuziehen, der neben der Überwachung des technischen Equipments und der Anfertigung von Notizen, gegebenenfalls ins Gruppengeschehen einlenken kann. Eine Unterstützung kann sich auch mit Blick auf das Zeitmanagement als nützlich erweisen.

Problematisch für jede Gruppendiskussion kann der fehlende oder fehlerhafte Umgang mit Teilnehmenden sein, die ein konstruktives Ergebnis der Gruppe beeinträchtigen. Dazu gehören vor allem die *Vielredner* genauso wie die *Schweiger*. Ausschweifende Beiträge können durch ein gezieltes „Danke für Ihren Beitrag" eingegrenzt werden – fehlende Beiträge durch die direkte Ansprache und die Suche des Blickkontaktes einzelner Teilnehmer getriggert werden. Der Umgang mit diesen und anderen Teilnehmerrollen erfordert einiges an Fingerspitzengefühl und kann detailliert an anderer Stelle nachgelesen werden (z. B. bei Kühn und Koschel 2018).

## 8.4    KI gestützte Analyse von Gruppendiskussionen

Die Auswertung qualitativer Daten – etwa aus Interviews, Gruppendiskussionen oder offenen Fragebögen – stellt traditionell hohe Anforderungen an sprachliches Feingefühl, Kontextverständnis und analytische Systematik. Large Language Models wie ChatGPT bieten in diesem Zusammenhang neue Potentiale, da sie auf der **Verarbeitung großer Mengen natürlichsprachlicher Daten** trainiert wurden und dadurch über spezifische Eigenschaften verfügen, die sie besonders für qualitative Analysen prädestinieren. LLMs ermöglichen eine skalierbare, konsistente und zugleich schnelle Auswertung auch großer Datenmengen, was insbesondere für ressourcenbewusste KMUs von Vorteil ist. Durch gezieltes Prompten lassen sich Analysen individuell steuern und erste Hypothesen effizient generieren, ohne den qualitativen Anspruch aus dem Blick zu verlieren. Der Schwerpunkt dieses Kapitels auf automatisierter Transkription, KI-gestützter Analyse und synthetischen Diskussionsteilnehmern ist bewusst gewählt – denn gerade diese drei Bereiche bieten einen hohen praktischen Nutzen, eine vergleichsweise niedrige Einstiegshürde und klare Mehrwerte für KMU:

**Automatische Transkription von Gruppendiskussionen**
Automatische Transkriptionssysteme basieren auf KI-Technologien wie Natural Language Processing (NLP) und ermöglichen eine schnelle und genaue Umwandlung gesprochener Inhalte in schriftliche Form. Diese automatisierte Vorgehensweise erleichtert die anschließende Analyse erheblich, indem sie den zeitlichen und personellen Aufwand reduziert. Die KI erkennt den jeweiligen Sprecher, Satzstrukturen und Dialekte und übersetzt bei Bedarf. Die Funktionalitäten der verschiedenen Tools und die Anbieterlandkarte entwickelt sich aktuell rasant, weshalb wir an dieser Stelle nur auf einige wenige Tools verweisen. Folgende Softwarelösungen kommen grundsätzlich in Betracht:

| Toolkategorie | Typische Beispiele | Fokus |
|---|---|---|
| QDA-Software mit KI-Modulen | MAXQDA, ATLAS.ti | Qualitative Analyse (Codieren, Visualisieren, Interpretieren) mit KI-Unterstützung |
| Transkriptions- & Meeting-Tools | Otter.ai, Microsoft Teams, Notta, Whispr.ai | Automatisierte Transkription und ggf. einfache Analyse (z. B. Zusammenfassung, Speaker-ID) |

Einige Transkriptionstools sind besonders DSGVO-freundlich, da sie kein Hochladen der Daten auf einen Server oder einer Cloud erfordern oder in einer geschützten Unternehmensumgebung genutzt werden können. Ist ein Upload jedoch erforderlich, gilt grundsätzlich: Personenbezogene Daten müssen vorab anonymisiert werden, und Untersuchungsteilnehmer müssen zuvor ihr Einverständnis erteilen.

**KI-gestützte inhaltliche Analyse und Sentimentanalyse**
Über die reine Transkription hinaus kann KI zur inhaltlichen Auswertung eingesetzt werden. Dabei werden wiederkehrende Themen, Schlüsselbegriffe, Zusammenhänge oder Kategorien im Text identifiziert. Ein Wohnmobilhersteller möchte beispielsweise herausfinden, welche Aspekte des Wohnkomforts in den Gruppendiskussionen besonders häufig thematisiert wurden und könnte in diesem Zusammenhang prompten: *„Fasse die zentralen Themen zusammen, die in diesem Transkript zur Innenausstattung von Wohnmobilen wiederholt genannt werden. Kategorisiere die Inhalte in Ausstattung, Raumgefühl, Funktionalität und Design."* Die erste Zusammenfassung qualitativer Daten durch ein KI-Tool wie ChatGPT liefert meist einen kompakten Überblick über zentrale Themen und Aussagen. Um **mehr Tiefe** in die Analyse zu bringen – beispielsweise zu Einzelaspekten, Teilgruppen oder bestimmten Begriffen – können Sie das Modell durch gezielte Anschlussfragen weiter lenken, z. B. *„Welche Kritikpunkte wurden besonders häufig genannt und wie wurden sie begründet?".*

Die Sentimentanalyse ergänzt die inhaltliche Strukturierung um eine emotionale Bewertung. Sentimentanalysen dienen der Erkennung, Klassifizierung und Bewertung subjektiver Aussagen in Texten, etwa als positiv, negativ oder neutral und machen damit Stimmungslagen sichtbar. Dabei geht es nicht nur um einzelne Wörter, sondern um die Interpretation ganzer Meinungsäußerungen im sprachlichen Kontext. Das Verfahren findet breite Anwendung in der Marktforschung, insbesondere bei der Auswertung von Kundenrezensionen, offenen Befragungsantworten oder Social-Media-Kommentaren. Mit dem Aufkommen von KI-gestützten Sprachmodellen hat die Sentimentanalyse zusätzlich an Präzision und Skalierbarkeit gewonnen. Ein möglicher Prompt wäre: *„Analysiere die folgenden Transkriptaussagen aus einer Gruppendiskussion in Bezug auf ihre Tonalität. Klassifiziere die Aussagen nach positivem, neutralem oder negativem Sentiment bezüglich Komfort, Technik und Stauraum. "*

### Erstellung synthetischer Personas mit ChatGPT

Der Einsatz von synthetischen Personas, generiert durch KI-Modelle wie ChatGPT, bietet eine innovative Möglichkeit, virtuelle Gruppendiskussionen vorab zu simulieren. Dadurch lassen sich vielfältige Kundenszenarien testen und erste Erkenntnisse gewinnen, ohne auf echte Teilnehmende angewiesen zu sein. Dafür ist es hilfreich, wenn Sie aus vorliegenden Sekundärstudien bereits über Profile der Personas verfügen, die Sie in ChatGPT hochladen und die KI dann bitten, eine Diskussion dieser Personas hinsichtlich eines bestimmten Themas zu führen. Es ist ebenso denkbar, gezielte Moderationsfragen einzubringen. Sollten Sie über keine Personaprofile verfügen, wäre folgender Prompt möglich: *„Generiere fünf realistische Personas für potenzielle Kunden eines Wohnmobilherstellers. Simuliere eine Diskussion zwischen diesen Personas in Bezug auf ihre Erwartungen und Kritikpunkte hinsichtlich Wohnkomfort, technischer Ausstattung und Praktikabilität. "*

**Ihr Transfer in die Praxis**

- Überlassen Sie die Gruppendiskussion nicht dem Zufall – überlegen Sie sich, wie die Gruppe zusammengesetzt sein soll und wer die Moderation übernimmt.
- Versetzen Sie sich in die Gruppenteilnehmer und geben Sie diesen mit der Einladung so viele Infos wie möglich, um Vorbehalte abzubauen.
- Erarbeiten Sie einen Leitfaden, der dem Moderator ein hohes Maß an Flexibilität ermöglicht und gleichzeitig das Diskussionsziel und die Zeit im Auge behält.
- Testen Sie den Leitfaden in Bezug auf die Verständlichkeit, die eingesetzten Impulsmaterialien und vor allem die Technik vorab.
- KI-Tools in Form von LLMs sind für die Transkription und Auswertung von qualitativen Daten sehr gut geeignet – nutzen Sie daher die Möglichkeiten, Ihre Arbeit effizienter zu gestalten.

## Literatur

Chrzanowska, J. (2002): Interviewing Groups and Individuals in Qualitative Market Research, Sage, London, Thousand Oaks, New Delhi.

Kepper, G. (1994): Qualitative Marktforschung – Methoden, Einsatzmöglichkeiten und Beurteilungskriterien, Springer Gabler, Wiesbaden.

Kühn, T. & Koschel, KV. (2018): Einführung in die Moderation von Gruppendiskussionen, Springer Gabler, Wiesbaden.

Krell, C. & Lamnek, A. (2024): Gruppendiskussion. In: Qualitative Sozialforschung, Weinheim, Beltz, 7. Auflage, S. 384–446.

Magerhans, A. (2016): Marktforschung – Eine praxisorientierte Einführung, Springer Gabler, Wiesbaden.

Tuckman, BW. (1965): Developmental Sequence in Small Groups. In: Psychological *Bulletin*, 63 (6), S. 384–399.

## Weiterführende Literatur

Kuckartz, U., & Rädiker, S. (2024). Qualitative Inhaltsanalyse. Methoden, Praxis, Umsetzung mit Software und künstlicher Intelligenz. Beltz.

Laws, S., & Murphy, J. (2022). Automated Transcription Technologies in Qualitative Research. Sage Publications.

Liu, B. (2020). Sentiment Analysis: Mining Opinions, Sentiments, and Emotions. Cambridge University Press.

# 9

# Von der Auswertung zur Ergebnisdarstellung

**Was Sie aus diesem Kapitel mitnehmen**

- Worin unterscheidet sich die Analyse qualitativer und quantitativer Daten?
- Welche Grundbegriffe der Datenanalyse sind wichtig, um mit Marktforschungsdienstleistern und Statistikprogrammen (zusammen)arbeiten zu können?
- Wie lassen sich die erhobenen Fragebogendaten visualisieren und zu Aussagen verdichten?
- Welches Vorgehen sollte bei der Auswertung und Interpretation von qualitativen Daten aus der Gruppendiskussion gewählt werden?
- Wie führt KI Analysen durch und welche Qualität haben diese?

Dieses Kapitel beschäftigt sich mit der Analyse der gewonnenen Daten und damit mit dem vorletzten Schritt des Marktforschungsprozesses. In diesem Schritt wird aus Daten unternehmensspezifisches Wissen, indem die Daten gesichtet, verdichtet, beschrieben und inhaltlich interpretiert werden. Das Vorgehen bei der Datenanalyse ist im Wesentlichen abhängig von dem jeweils zugrunde liegenden Datenniveau.

Quantitative Marktforschungsinstrumente (wie der Fragebogen) produzieren – ihrer Natur entsprechend – vor allem quantitative Daten. Diese lassen sich den in Abschn. 7.3 bereits vorgestellten Skalenniveaus nominal, ordinal und metrisch zuordnen. Quantitative Fragebögen werden fast ausschließlich statistisch ausgewertet, um die Stichprobe zu beschreiben und Zusammenhänge zu entdecken.

Qualitative Marktforschungsinstrumente (wie die Gruppendiskussion) hingegen produzieren qualitative Gesprächsdaten. Diese sind meist nominaler Natur und werden daher vor allem inhaltlich zusammengefasst und interpretiert. Zur Anwendung kommen daher inhaltsanalytische Verfahren, die sich der Diagnose und Interpretation widmen.

Die folgenden beiden Unterkapitel widmen sich den, vor allem aus praktischer Sicht, wesentlichen Kennzahlen und Vorgehensweisen, die bei der Analyse qualitativer und quantitativer Daten zur Anwendung kommen. Sie sind bei weitem nicht erschöpfend, da gerade im Bereich der quantitativen Datenanalyse ein umfangreiches Instrumentarium an statistischen Verfahren zur Verfügung steht. Der interessierte Leser, mit einem weiterführenden Informationsinteresse im Bereich der induktiven und multivariaten Analysemethoden, wird daher an die einschlägige Literatur in diesem Bereich verwiesen (z. B. Backhaus et al. 2023).

## 9.1    Quantitative Datenanalyse: Verdichten & Beschreiben

Bevor die Datenanalyse startet, müssen die Daten zunächst für die Verarbeitung durch ein Statistikprogramm vorbereitet werden. Dazu müssen alle Fragebögen (sofern diese nicht bereits digital durch eine Onlineerhebung vorliegen) in eine Datendatei eingepflegt werden. Dazu bedarf es der **Kodierung** aller Variablen. Unter der Kodierung wird die Zuweisung eines nummerischen Wertes zu jeder Antwortoption verstanden. Die zuvor im Fragebogen festgelegte Skalierung von z. B. weiblich und männlich muss nun in eine überschneidungsfreie und eindeutige Kodierung überführt werden, die das Statistikprogramm „versteht". Im Falle des Geschlechtes wäre eine Kodierung als 1 für weiblich, 2 für männlich und 3 für divers denkbar.

> Bei der Kodierung sollte darauf geachtet werden, dass gleiche Skalierungen auch gleich kodiert werden. Werden die Merkmalsausprägungen „sehr unzufrieden" einmal mit 1 und „sehr zufrieden" einmal mit 5 kodiert, sollte diese Kodierungsrichtung auch für alle anderen Variablen verwendet werden. Jede Antwortoption muss mit einem eindeutigen und überschneidungsfreien Code versehen werden. Hilfreich erweist sich an dieser Stelle die vorherige Konzeption eines Kodierungsplans.

Sind alle Datensätze eingepflegt und alle Variablen kodiert, folgt die **Fehlerkontrolle** auf unplausible und fehlende Eingaben. Eine gründliche Plausibilitätskontrolle ist insbesondere bei Online-Bevölkerungsbefragungen empfehlenswert, da Teilnehmer hier zum sogenannten Durchklicken neigen, d. h. einer schnellen Beantwortung von Fragen, ohne diese (gründlich) zu lesen. Eine Möglichkeit, solche Teilnehmer zu identifizieren, besteht in der Analyse der Antwortzeit. Als Faustformel können Datensätze, welche in weniger als 25 % der durchschnittlichen Antwortzeit beantwortet werden, zumindest als zweifelhaft angesehen werden. Eine weitere Möglichkeit besteht im Abgleich der Antworten verschiedener Fragen auf Plausibilität. Wird auf eine Frage geantwortet, dass die Marke xy unbekannt sei, auf eine später folgende Frage jedoch, dass der Kauf der Marke xy vorstellbar sei, ist dies ebenfalls als Indikator für unzuverlässige Antworten zu werten. Danach kann die **Datenanalyse** starten. Die für die Analyse grundlegenden Begrifflichkeiten können der Abbildung Abb. 9.1 entnommen werden.

Eine wesentliche Aufgabe der Analyse quantitativer Daten ist es, die durch die Stichprobe gewonnenen Einzelfalldaten der befragten Personen zusammenzufassen, also zu verdichten und so die Struktur der Stichprobe zu beschreiben. Man spricht in diesem Zusammenhang auch von der beschreibenden, der **deskriptiven Statistik**. Diese erhebt nicht den Anspruch, Aussagen über die Grundgesamtheit zu tätigen. Eine Übertragung der Ergebnisse der Stichprobe auf die Grundgesamtheit ist nur zulässig, wenn der Repräsentativitätsanspruch erfüllt ist. Unter Anwendung der Wahrscheinlichkeitstheorie sind (schließende) Verfahren

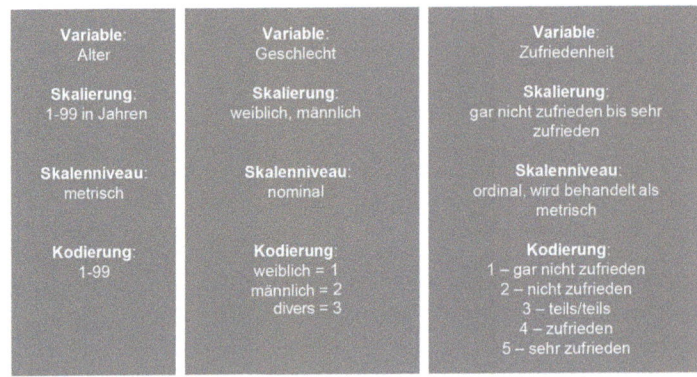

| | Variablen | | |
|---|---|---|---|
| **Teilnehmer** | **Alter** | **Geschlecht** | **Zufriedenheit** |
| 1 | 32 | 1 | 4 |
| 2 | 45 | 2 | 2 |
| 3 | 21 | | 5 |
| ... | ... | ... | ... |

Datensatz

Stichprobe                    Merkmalsausprägungen bzw. Messwerte

**Abb. 9.1** Grundbegriffe der Datenanalyse

der Datenanalyse in der Lage, derartige Rückschlüsse zu erlauben (siehe dazu auch Homburg et al. 2008, S. 154). Diese Verfahren führen an dieser Stelle jedoch zu weit und werden daher aus der folgenden Darstellung ausgeklammert.

Die deskriptive Statistik beschäftigt sich mit der Verdichtung und Beschreibung der zugrundliegenden Daten anhand von (Homburg et al. 2008, S. 156; Kreis et al. 2024, S. 254–261):

- Tabellen und Graphiken, zur einfachen optischen Veranschaulichung der Datenlage (*z. B. Wie hoch sind die Anteile der Geschlechter in der Stichprobe?*)
- Lageparametern, um aufzuzeigen, wo der Schwerpunkt der Antworten liegt (*z. B. Wie hoch ist die durchschnittliche Zufriedenheit aller Befragten mit unserem Produkt?*)

- Streuparameter, um Aufzuzeigen, wie homogen bzw. heterogen die Teilnehmer geantwortet haben (z. B. *Wie einig sind sich die Befragten in der Bewertung der neuen Geschmacksrichtung?*)
- Zusammenhangsparameter, um aufzuzeigen, ob es Zusammenhänge zwischen Antworten und damit zwischen Variablen gibt (z. B. *Gibt es einen Zusammenhang zwischen dem Alter und der Wahrscheinlichkeit, das Produkt zu probieren?*)

> Die verbreiteten Tabellenkalkulationsprogramme (z. B. Excel inkl. Statistik Add-in) oder statistischen Analysetools (z. B. SPSS) erlauben eine schnelle Erstellung und Berechnung deskriptiver Statistiken. Die Interpretation dieser Kennzahlen liegt jedoch in der Verantwortung des Programmnutzers – ein grundlegendes Verständnis für die Möglichkeiten und Grenzen der jeweiligen Parameter ist daher unerlässlich.

Die Anwendbarkeit der jeweiligen Parameter wird im Wesentlichen bestimmt von dem Messniveau der zugrundliegenden Skala. Wie in Abschn. 7.3 aufgezeigt, ermöglichen metrisch skalierte Daten den Einsatz einer Vielzahl von Analyseinstrumenten (siehe Abb. 9.2), nicht nur im deskriptiven Bereich.

**Tabellen und Grafiken** Zu den beliebtesten deskriptiven Auswertungen zählt die Häufigkeitsverteilung, die sowohl als absolute wie auch relative Häufigkeit Verwendung findet. Während die *absolute Häufigkeit* eine Aussage darüber gibt, wie häufig ein Wert bzw. eine Aussage in der Stichprobe getroffen wird, zeigt die *relative Häufigkeit* wie groß deren Anteil an der Stichprobe ist. Häufigkeiten werden üblicherweise in Form von Häufigkeitstabellen und Säulen- und Kreisdiagrammen dargestellt und eignen sich vor allem für nominal und ordinal skalierte Variablen.

Ein gutes visuelles Instrument, um sich schnell einen Überblick über die Daten, deren Lage- und Streuparameter und mögliche Ausreißer zu verschaffen, ist das *Box-Plot*. Ein Box-Plot ist eine kastenförmige Darstellung metrisch skalierter Daten. Ein Box-Plot lässt sich mit den gängigen Statistikprogrammen erstellen und besteht immer aus den folgenden Elementen (Kuß et al. 2018, S. 235 f.):

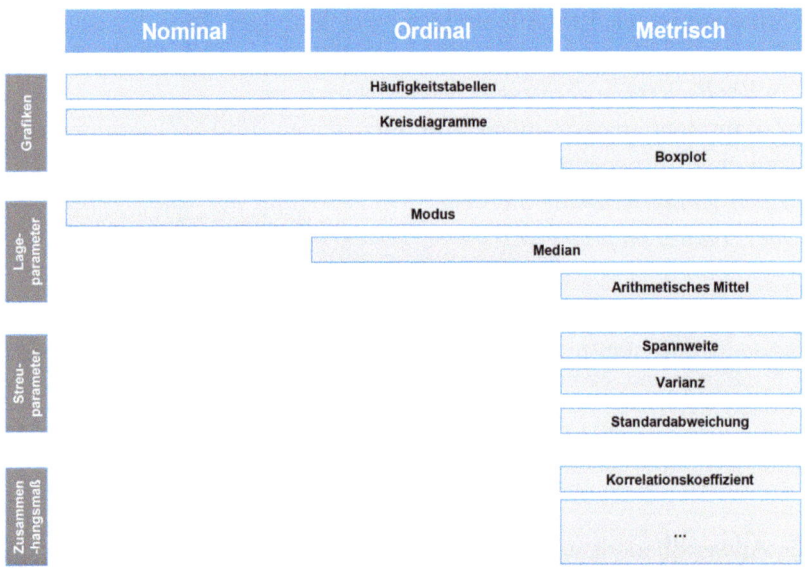

**Abb. 9.2** Auswahl deskriptiver Analyseinstrumente (Basierend auf den Ausführungen von Kreis et al. 2024, S. 249–254.)

- *Box:* In dieser Box liegen die mittleren 50 % aller Messwerte. Begrenzt wird die Box nach oben durch das obere Quartil, d. h. 25 % aller Messwerte liegen in einer geordneten Datenreihe oberhalb dieses Wertes. Nach unten wird die Box durch das untere Quartil begrenzt, also die 25 % aller Messwerte, die unterhalb dieses Wertes liegen. Die Größe des Kastens ist ein Hinweis auf die Streuung (siehe unten).
- *Durchgehender Strich:* In der Box befindet sich ein durchgehender Strich. Dieser stellt den Median dar. Dieser ist nicht zu verwechseln mit dem Mittelwert (siehe unten).
- *Antennen:* Die Striche, die sich zu beiden Seiten der Box entfalten werden auch als Antennen bezeichnet. Die Antennen werden in der Praxis unterschiedlich angewendet. Zum einen können sie die Spannweite darstellen. Zum anderen lassen sie sich als zusätzliche Interquartilsabstände definieren, anhand derer sich Ausreißer erkennen lassen. Zu den Begrifflichkeiten sei auf die folgenden Ausführungen in diesem Kapitel verwiesen.

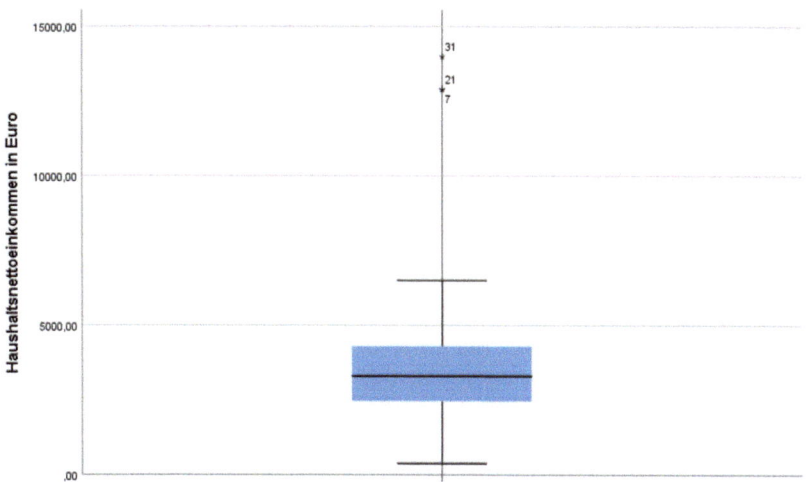

**Abb. 9.3**  Beispiel eines Boxplot

Die Abb. 9.3 gibt einen solchen Boxplot (bzw. Kastengrafik in Excel) beispielhaft wieder. Ausgewertet wird das Haushaltsnettoeinkommen (in Euro) von Befragten. Bildhaft zu erkennen ist, dass der Datensatz drei Ausreißer aufweist. Zu erkennen ist dies an den mit Sternchen abgetragenen Datensätzen mit den Nummern 7, 21 und 31. Diese werden vom Statistikprogramm SPSS automatisch ausgewiesen, sofern sie das 2,5-fache der Boxlänge übersteigen. In der Abbildung zu erkennen ist der Median (durchgehender Strich in der Box) – dieser liegt in der Beispielstichprobe bei 3.300 €. Das arithmetische Mittel hingegen, liegt bei 3.989 €. Hieran lässt sich erkennen, welchen Einfluss wenige Ausreißer bei einem vergleichsweise kleinen Datensatz (in dem Fall 38 Datensätze) auf ausgewählte Parameter haben können.

**Lageparameter** Die Lageparameter geben eine Auskunft darüber, wo das Zentrum einer jeden Variablen in der Umfrage liegt, also z. B. das mittlere Einkommen oder das mittlere Alter der Befragten. Im Alltag wird hier üblicherweise vom Durchschnitt gesprochen – aus statistischer Sicht ist diese Bezeichnung jedoch ungenau, da abhängig vom Datenniveau unterschiedliche Arten von Lageparametern mit unterschiedlichen

Aussagen existieren. So unterscheidet man zwischen dem Modus, dem Median und dem arithmetischen Mittelwert.

Bei nominal skalierten Variablen, wie z. B. dem Geschlecht, wird der *Modus* zur Beschreibung der Stichprobe verwendet. Er gibt an, welche Ausprägung am häufigsten in der Stichprobe vertreten ist. Der Modus kann auch bei einem höheren Datenniveau Anwendung finden, allerdings zieht man in dem Fall den Median vor.

Der *Median* ist der Wert der Mitte. Sortiert man die vorliegenden Daten der Größe nach und teilt den Datensatz direkt in der Mitte, so ist dieser Wert der Median. Bei einer ungeraden Anzahl an Datensätzen ist die Bestimmung des Medians problemlos möglich, bei einer geraden Anzahl ergibt er sich aus dem arithmetischen Mittel der beiden angrenzenden Werte. Der Median ist, ganz im Gegensatz zum arithmetischen Mittelwert, unempfindlich gegenüber Ausreißern. Vereinzelte extreme Antworten können ihn nicht verfälschen, da alleinig die Anzahl an Datensätzen – nicht aber deren Ausprägung – für die Bestimmung verantwortlich ist. Für die Berechnung des Medians sind mindestens ordinal skalierte Daten erforderlich.

Liegen metrisch skalierte Daten vor, so ist die Berechnung des *arithmetischen Mittelwertes* möglich und in der Praxis sehr beliebt. Gemeint ist der Wert, der umgangssprachlich einfach als Durchschnitt bezeichnet wird. Er ergibt sich aus der Summe aller Antworten geteilt durch die Größe der Stichrobe. Von allen Lageparametern besitzt der Mittelwert die größte Genauigkeit. Gleichzeitig wird der Mittelwert jedoch durch extreme Antwortausprägungen beeinflusst, sodass vereinzelte Ausreißer die Höhe des Mittelwertes überproportional beeinflussen können. Es empfiehlt sich daher, vor der Bestimmung der Lageparameter, Ausreißer über die Häufigkeitsverteilung oder den Boxplot zu identifizieren.

**Streuparameter** Die Streuungsparameter geben Auskunft darüber, wie stark und in welche Richtung die Merkmalsausprägungen aller Teilnehmer um den Mittelwert verteilt sind. Lageparameter zeigen, ob die Antworten auf die Fragen im Fragebogen homogen und damit relativ ähnlich sind oder ob diese ein hohes Maß an Heterogenität bzw. Streuung aufweisen. Auch hier lassen sich, abhängig vom Datenniveau, unterschiedliche Streuparameter unterscheiden.

Die *Spannweite* ergibt sich aus der Differenz der größten und kleinsten Merkmalsausprägung. Dieser Wert wird stark von Ausreißern beeinflusst und ist daher als alleiniger Streuparameter nicht geeignet.

In der praktischen Marktforschung werden häufig die Standardabweichung wie auch die Varianz einer Variablen ermittelt. Die *Varianz* ist die durchschnittliche quadratische Abweichung aller Messwerte vom arithmetischen Mittelwert. Je unterschiedlicher die Probanden auf eine Frage geantwortet haben, desto größer sind die Streuung und damit die Varianz einer Variablen.

$$s_x^2 = \frac{\sum (x_i - \bar{x})^2}{n - 1}$$

$s_x^2$ Varianz der Variablen x
$x_i$ Messwerte
$\bar{x}$ Arithmetischer Mittelwert der Variable
n Anzahl der Messwerte

Für den Anfänger in der statistischen Auswertung leichter zu interpretieren ist die *Standardabweichung*. Die Werte liegen auf dem gleichen Größenniveau der Ausgangsvariablen, da sie sich aus der Quadratwurzel der Varianz errechnet. Einfach ausgedrückt, ist die Standardabweichung die durchschnittliche Abweichung aller gemessenen Merkmalsausprägungen vom Mittelwert. Dazu ein Beispiel: Befragt werden 1000 Personen nach ihren monatlichen Ausgaben für Bekleidung. Das arithmetische Mittel liegt bei 120 €, die Standardabweichung bei 32 €. Dies bedeutet, dass die durchschnittliche Entfernung der Antworten aller Probanden zum Mittelwert bei 32 € liegt.

$$s_x = \sqrt{s_x^2}$$

$s_x$ Standardabweichung der Variablen X
$s_x = \sqrt{s_x^2}$ Varianz der Variablen X

## Hintergrund Information
Die **Normalverteilung bzw. Gaußsche Glockenkurve** beschreibt die stochastische Verteilung von empirisch ermittelten Messwerten. Ist die tatsächliche

Verteilung von Daten unbekannt, wird sowohl in den Naturwissenschaften wie auch den Geistes- und Sozialwissenschaften von einer Normalverteilung ausgegangen. Da die Verteilung der Daten vor der Erhebung durch die Marktforschung unbekannt ist, gilt der **zentrale Grenzwertsatz**. Vereinfacht lässt sich dieser in folgender Aussage zusammenfassen: Je größer eine Stichprobe ist, desto eher gleicht die Verteilung der Daten in dieser Stichprobe einer Normalverteilung. Der zentrale Grenzwertsatz verhilft der Normalverteilung zu einem besonderen Stellenwert in der Statistik. So ist die Normalverteilung die Voraussetzung für eine Vielzahl statistischer Testverfahren (Abb. 9.4)

Für den Marktforscher interessant ist nun, dass es einen festen Zusammenhang zwischen normalverteilten Daten und der Standardabweichung gibt. Es gilt näherungsweise, dass im Umkreis von ± *einer* Standardabweichung um den arithmetischen Mittelwert ca. 2/3 aller Messwerte zu finden sind. In einem Intervall von ± *zwei* Standardabweichungen befinden sich mehr als 95 % aller Messwerte und bei ± *drei* Standardabweichungen finden sich mehr als 99 % aller Messwerte wieder.

Zur Veranschaulichung greifen wir noch einmal das Beispiel der Standardabweichung von 32 € auf. Der berechnete Mittelwert für die monatlichen Bekleidungsausgaben liegt in der Stichprobe bei 120 €. Unter Annahme der Normalverteilung, geben 68,27 % der befragten Personen zwischen 88 € und 152 € pro Monat für Bekleidung aus. Eine weitere Standardabweichung weiter, also zwischen 56 € und 184 €, sind es bereits 95,45 % der befragten Personen. Die Standardabweichung bestimmt somit die Breite der Normalverteilung.

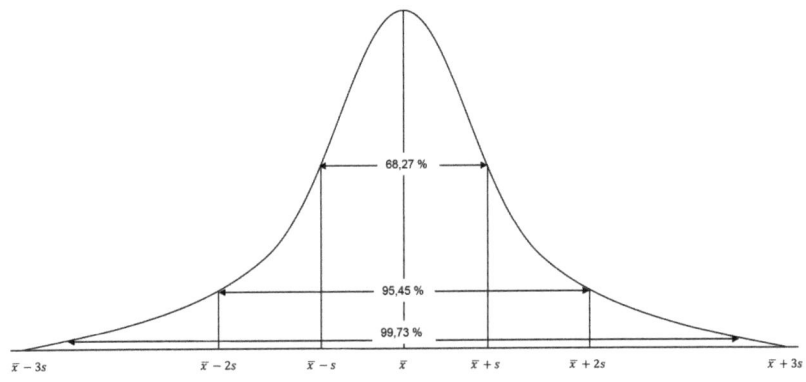

**Abb. 9.4** Normalverteilung und Standardabweichung

**Zusammenhangsmaße** Für viele Marktforschungsuntersuchungen reicht es nicht aus, die Stichprobe anhand der Mittelwerte und Streuung zu beschreiben. Häufig ist es viel interessanter in Erfahrung zu bringen, wie die Variablen untereinander in Verbindung stehen. Für den Praktiker kann es beispielsweise von Bedeutung sein zu erfahren, ob es einen Zusammenhang zwischen dem Alter und dem Kaufverhalten, der Kaufhäufigkeit und der Zufriedenheit oder der Zufriedenheit und der Wiederkaufwahrscheinlichkeit gibt. In diesem Falle kommt es zur Anwendung von Kennzahlen, mit denen sich der Zusammenhang zwischen zwei Variablen (oder sogar mehreren Variablen) ermitteln lässt. Einen solchen Zusammenhang nennt man in der Statistik *Korrelation*. Für die Berechnung von statistischen Zusammenhängen gibt es eine Vielzahl an Koeffizienten. Deren Einsatz wird wiederum bestimmt durch das zugrunde liegende Skalenniveau. Das am häufigsten verwendete Zusammenhangsmaß ist der *Korrelationskoeffizient r nach Pearson*. Dieser wird angewendet, wenn die beiden zugrunde liegenden Variablen metrisch skaliert sind und ein linearer Zusammenhang besteht. An dieser Stelle verzichten wir auf die Herleitung der folgenden Berechnungsformel (diese ist sowohl im Excel Add-in wie auch in allen üblichen Statistikprogrammen hinterlegt) und widmen die Ausführungen der Interpretation des ermittelten Koeffizienten.

$$r = \frac{\sum (x_i - \bar{x})(y_i - \bar{y})}{n s_x s_y}$$

$s_x$; $s_y$ Varianz der Variablen x bzw. y
$\bar{x}_i$; $\bar{y}_i$ Arithmetisches Mittel der Variablen x bzw y
$s_x$; $s_y$ Standardabweichung der Variablen x bzw. y
n Anzahl der Messwerte
$x_i$ $y_i$ Messwerte
r Korrelationskoeffizient nach Pearson

Der Korrelationskoeffizient r liegt im Wertebereich zwischen $-1$ und $+1$. Positive Werte weisen auf einen positiven Zusammenhang zwischen zwei Variablen hin, negative Werte auf einen entgegengesetzten, also negativen Zusammenhang. Im Detail bedeutet dies:

- $r = 0$: Ein Korrelationskoeffizient der sich um den Wert Null bewegt zeigt, dass sich kein linearer Zusammenhang nachweisen lässt. Dies erwartet man beispielsweise zwischen der Körpergröße einer Person und der Nutzungshäufigkeit des Internets.
- $r > 0$: Ein positiver Wert größer Null zeigt, dass es einen positiven linearen Zusammenhang gibt, im Sinne von, steigende Werte der einen Variablen gehen mit steigenden Werten der anderen Variablen einher und vice versa. Ein solcher Zusammenhang ergibt sich bei den meisten Unternehmen zwischen dem Grad der Zufriedenheit mit dem Produkt und der Wiederkaufwahrscheinlichkeit.
- $r < 0$: Ein Wert kleiner als Null deutet auf einen negativen linearen Zusammenhang hin, wobei ein steigender Wert der einen Variablen mit einem sinkenden Wert einer anderen Variablen einhergeht. Ein negativer Zusammenhang ergibt sich beispielsweise zwischen der Außentemperatur und dem Umsatz an Winterbekleidung.

Neben der Ermittlung der Größenordnung des Zusammenhangs gilt auch festzustellen, ob dieser Zusammenhang signifikant, also überzufällig ist. Die in einer Studie ermittelten Signifikanzwerte werden durch SPSS und andere Programme bereits ausgewiesen und müssen durch den Nutzer „nur noch" interpretiert werden. Die Bedeutung und Interpretation von Signifikanzwerten würde an dieser Stelle jedoch zu weit führen. Wir verweisen daher auf vertiefende Literatur zu diesem Thema (z. B. Kosfeld et al. 2016).

Bei der Interpretation des Korrelationskoeffizienten ist jedoch Achtung geboten: Ein Zusammenhang zwischen zwei Variablen ist noch keine Bestätigung eines Ursache-Wirkungs-Zusammenhangs, einer so genannten Kausalität (Abschn. 5.1 und Abb. 5.2). So kann der ermittelte Zusammenhang zwischen der Außentemperatur und den Ausgaben für Winterkleidung lediglich eine Scheinkorrelation sein. Damit wäre eine dritte Variable für den Zusammenhang verantwortlich – etwa, dass Winterbekleidung im Hochsommer schlicht weniger in den Geschäften verfügbar ist. Korrelationen können somit bestenfalls als Indiz für einen kausalen Zusammenhang verstanden werden. Deren empirischer Nachweis bedingt des Einsatzes weiterer Erhebungsinstrumente, wie dem Experiment oder der Gruppendiskussion.

**Beispiel: Ermittlung der Parameter an einem Beispieldatensatz**

Zusammenfassend werden die dargestellten Lage-, Streu- und Zusammenhangsparameter anhand eines durchgängigen Beispiels aufgezeigt. Aus Vereinfachungsgründen wird dafür ein Ausschnitt aus einer Befragung unter Kunden eines Onlineshops für Damen- und Herrenbekleidung gewählt, der zu gleichen Teilen sowohl männliche wie auch weibliche Kunden enthält. Ziel der Untersuchung ist es, die Zufriedenheit der Kunden mit der Sortimentsvielfalt des Onlineshops sowie deren Bereitschaft zu ermitteln, wieder in dem Onlineshop einzukaufen.

Die Tabelle (Tab. 9.1) zeigt die erhobenen Datensätze, sortiert nach dem Geschlecht der Teilnehmer sowie die ermittelten Parameter.

Anhand der Lageparameter erkennt man deutlich, dass die weiblichen Kundinnen mit der Vielfalt des Sortimentes wesentlich zufriedener sind als die männlichen Kunden. Es zeigt sich zudem, dass die Kundinnen eine höhere Bereitschaft aufweisen, erneut in dem Onlineshop zu kaufen. An dieser Stelle ließe sich weiterführend ermitteln, ob dieser augenscheinliche Unterschied überzufällig, also signifikant ist. Darauf wird an dieser Stelle verzichtet. Ebenfalls zu erkennen ist, dass die Angaben zur Zufriedenheit der männlichen Kunden eine größere Streuung aufweisen, legt man sowohl die Varianz als auch die Standardabweichung zugrunde. Wenngleich es sich hierbei nur um einen kleinen Ausschnitt aus dem Datensatz handelt, könnte man vermuten, dass aufseiten der männlichen Kunden weniger Homogenität in der Zufriedenheit besteht. Betrachtet man die Wiederkaufwahrscheinlichkeit, so zeigen vor allem die Antworten der Kundinnen eine stärkere Streuung. Für männliche wie auch weibliche Kunden zeigt sich eines ganz klar: es besteht ein positiver linearer Zusammenhang zwischen der Zufriedenheit mit der Sortimentsvielfalt und der Bereitschaft, wieder in dem Onlineshop zu kaufen. Es lohnt sich daher mit einer weiteren, vielleicht auch qualitativen Marktforschung, den Fragen nachzugehen, welche Gründe für die geringere Zufriedenheit verantwortlich sind und über welche Faktoren der Sortimentsvielfalt die Zufriedenheit, vor allem aufseiten der männlichen Kunden, gesteigert werden könnte.

## 9.2 Qualitative Datenanalyse: Transkribieren & Interpretieren

Die Auswertung qualitativer Marktforschungsstudien geschieht, genauso wie die Analyse offener Fragestellungen in einem Fragebogen, inhaltsanalytisch. Im Gegensatz zur Analyse quantitativer Daten geht

**Tab. 9.1** Beispieldatensatz – Kundenzufriedenheit im Onlineshop

| | Geschlecht 0 = weiblich 1 = männlich | Zufriedenheit Sortimentsvielfalt 1 = sehr zufrieden 2 = zufrieden 3 = teils/teils 4 = unzufrieden 5 = sehr unzufrieden | Wiederkaufwahrscheinlichkeit 1 = sehr wahrscheinlich 2 = wahrscheinlich 3 = teils/teils 4 = unwahrscheinlich 5 = sehr unwahrscheinlich |
|---|---|---|---|
| Teilnehmer 1 | 0 | 2 | 2 |
| Teilnehmer 2 | 0 | 1 | 1 |
| Teilnehmer 3 | 0 | 2 | 2 |
| Teilnehmer 4 | 0 | 2 | 4 |
| Teilnehmer 5 | 0 | 1 | 2 |
| Teilnehmer 6 | 0 | 3 | 2 |
| Teilnehmer 7 | 0 | 5 | 4 |
| Teilnehmer 8 | 0 | 2 | 1 |
| Teilnehmer 9 | 0 | 1 | 2 |
| Teilnehmer 10 | 0 | 1 | 1 |
| Teilnehmer 11 | 1 | 3 | 2 |
| Teilnehmer 12 | 1 | 3 | 4 |
| Teilnehmer 13 | 1 | 2 | 2 |
| Teilnehmer 14 | 1 | 4 | 3 |
| Teilnehmer 15 | 1 | 4 | 4 |
| Teilnehmer 16 | 1 | 1 | 2 |
| Teilnehmer 17 | 1 | 2 | 4 |
| Teilnehmer 18 | 1 | 3 | 3 |
| Teilnehmer 19 | 1 | 5 | 4 |
| Teilnehmer 20 | 1 | 5 | 5 |
| Zielgruppe Frauen (Stichprobe = 10 Teilnehmerinnen) | | | |

(Fortsetzung)

**Tab. 9.1** (Fortsetzung)

| Geschlecht | Zufriedenheit Sortimentsvielfalt | Wiederkaufwahrscheinlichkeit |
|---|---|---|
| 0 = weiblich | 1 = sehr zufrieden | 1 = sehr wahrscheinlich |
| 1 = männlich | 2 = zufrieden | 2 = wahrscheinlich |
| | 3 = teils/teils | 3 = teils/teils |
| | 4 = unzufrieden | 4 = unwahrscheinlich |
| | 5 = sehr unzufrieden | 5 = sehr unwahrscheinlich |

| Lage-, Streu- & Zusammenhangsmaße | Zufriedenheit Sortimentsvielfalt | Wiederkaufwahrscheinlichkeit |
|---|---|---|
| Modus | 1 (genauso wie 2) | 2 |
| Median | 2,0 | 2,0 |
| Arithmetisches Mittel | 2,0 | 2,1 |
| Spannweite | 4 | 3 |
| Varianz | 1,556 | 1,211 |
| Standardabweichung | 1,247 | 1,101 |
| Korrelation r Pearson | 0,648 (signifikant auf 0,05-Niveau) | |

Zielgruppe Männer (Stichprobe = 10 Teilnehmer)

| Lage-, Streu- & Zusammenhangsmaße | Zufriedenheit Sortimentsvielfalt | Wiederkaufwahrscheinlichkeit |
|---|---|---|
| Modus | 3 | 4 |
| Median | 3,0 | 3,5 |
| Arithmetisches Mittel | 3,2 | 3,3 |
| Spannweite | 4 | 3 |
| Varianz | 1,733 | 1,122 |
| Standardabweichung | 1,317 | 1,059 |
| Korrelation r Pearson | 0,669 (signifikant auf 0,05-Niveau) | |

es dabei primär nicht darum, Aussagen über Häufigkeiten oder Verteilungen zu treffen. Vielmehr stehen der Inhalt des Gesagten und dessen Interpretation im Fokus der Betrachtung. Ein weiterer Unterschied zeigt sich zudem darin, dass die Auswertung nicht notwendigerweise am Ende der Datenerhebung stattfinden muss, sondern studienbegleitend in Form von Zwischenergebnissen auf weitere Studienschritte Einfluss nehmen kann (Döring 2023, S. 589).

Die Datenanalyse startet auch hier zunächst mit der Datenaufbereitung. Neben der Sortierung und Strukturierung der audio-visuellen Daten geht es in diesem Schritt vor allem um die **Transkription**. Die Aufzeichnungen werden dadurch in eine schriftliche Form gebracht. Aufgrund des enormen Zeitaufwandes, der mit dieser Arbeit einhergeht, ist die Einbindung (KI-gesteuerter) Transkriptionssoftware empfehlenswert (siehe dazu auch Kap. 8.4). In den Sozialwissenschaften, in denen die qualitative Inhaltsanalyse ihren Ursprung hat, werden unterschiedliche Arten von Transkripten unterschieden (siehe dazu auch Steffen und Doppler 2019, S. 53–57). In der praktischen Marktforschung steht in der Regel der Inhalt des Gesagten im Vordergrund – gruppendynamische Prozesse sowie Gestik oder Mimik spielen meist eine untergeordnete Rolle. In der Regel werden für betriebliche Zwecke daher wörtliche Transkriptionen oder Teiltranskripte relevanter Passagen angefertigt. Es empfiehlt sich, sofern das möglich ist, bereits bei der Datenerhebung und Transkription interessante Passagen mit einem Zeitstempel zu notieren, um so die spätere Auswertung zu vereinfachen.

Nachdem die Protokolle bzw. Transkripte erstellt und gelesen wurden, startet der eigentliche Auswertungsprozess mit dem Schritt der **Kodierung**. Während die Kodierung in der quantitativen Analyse die Zuweisung nummerischer Werte zu den Antworten im Fragebogen beinhaltete, meint die Kodierung in der qualitativen Auswertung die Zuweisung einer Erklärung oder Zusammenfassung zu einer getroffenen Aussage. Es geht dabei vordergründig um die Bildung von thematischen Kategorien, derer sich mit Ende der Auswertung alle erhobenen qualitativen Daten zuordnen lassen (siehe dazu auch Döring 2023, S. 593 f.). Dies kann an folgendem Beispiel dargestellt werden. Wird in einer Gruppendiskussion die Aussage getätigt, dass das neue Produkt nicht wiedergekauft wird, weil die Geschmacksrichtungen nicht ansprechend sind, wäre ein möglicher Code dafür *Geschmacksrichtung*. Alle weiteren Aussagen der Gruppenmitglieder, die sich ebenfalls um das Thema Geschmacksrichtung drehen, würden mit diesem Code versehen werden. Auf welchem Detailgrad die Bildung von Codes geschieht und wie viele Codes es für die vollständige Kodierung benötigt, ist abhängig vom Untersuchungs- und Datenmaterial. Häufig dienen bereits der Aufbau und die thematische Unterteilung des Leitfadens als eine gute Basis zur **Kategorienbildung.** Denkbar ist auch, die gewonnenen Codes zu übergeordneten Kategorien zusammenzufassen – im beschriebenen Fall z. B. der Kategorie *Geschmack des Produktes*. Für einen stringenten Kodierungsprozess ist es empfehlenswert, ein Codebuch anzufertigen, in dem die sprachlichen Codes zusammen mit entsprechenden Kodierungsregeln festgehalten werden (Tab. 9.2).

Da es in der betrieblichen Marktforschung darum geht, eine Entscheidungsgrundlage für das Management zu schaffen, muss es in einem nächsten Schritt darum gehen, Konsenspositionen herauszuarbeiten (Döring 2023, S. 377). Daher endet die Auswertung qualitativer Daten

**Tab. 9.2** Beispielhafte Zuweisung von Codes und Kategorien

| Studienthema: Gründe für den Nachfragerückgang nach Produkt XY | | |
|---|---|---|
| **Beispielhafte Textpassagen aus einer Gruppendiskussion** | **Codes** | **Kategorien** |
| „Die neuen Geschmacksrichtungen finde ich nicht ansprechend." | Geschmacksrichtung | Geschmack des Produktes |
| „Ich habe neulich den neuen Geschmack Himbeer-Kokos probiert und fand das gar nicht lecker." | Geschmacksrichtung | |
| „Für mich sind es viel zu viele unterschiedliche Geschmacksrichtungen. Wenn ich im Laden stehe kann ich mich oft nicht entscheiden und kaufe dann lieber gar nicht." | Geschmacksvielfalt | |
| … | … | … |

häufig mit einer **Quantifizierung** der getätigten Aussagen innerhalb der gebildeten Codes bzw. Kategorien. Im Gegensatz zu den Ergebnissen der quantitativen Datenanalyse folgt diese Quantifizierung jedoch nicht dem Anspruch der Repräsentativität, die aufgrund der Datenmenge gar nicht geleistet werden kann. Vielmehr geht es darum, die wichtigsten Aspekte der qualitativen Datenanalyse herauszuarbeiten, um diese dann in einer anschließenden quantitativen Studie validieren zu lassen. An dieser Stelle sei angemerkt, dass der Prozess der qualitativen Datenanalyse einiges an Erfahrungen benötigt und hierstark vereinfacht dargestellt wurde. Zu detaillierten Darstellungen über die Anfertigung von Transkripten, unterstützender Software und weiterführenden Methoden der inhaltsanalytischen Auswertung sei auf eine umfangreiche deutschsprachige Literatur verwiesen (z. B. Steffen und Doppler 2019; Mayring 2022).

## 9.3   KI in der Datenanalyse

ChatGPT unterstützt sowohl bei der Auswahl geeigneter statistischer Analysen als auch bei deren Durchführung.

Bei der **Auswahl eines Analyseverfahrens** ist im Prompt darauf zu achten, die vorliegenden Daten (incl. Dateiformat und Anzahl) und den Analysegegenstand möglichst genau zu beschreiben. Zusätzlich sollte abgefragt werden, ob ChatGPT für diesen Zweck geeignet ist – und ob es die vorgeschlagene Analysemethode eigenständig durchführen kann. Beispielprompt: *„Folgende Daten liegen in Excel als gesonderte Variablen vor: Das Image einer Wohnmobilmarke gemessen anhand von 10 Kriterien auf einer Sala von 1 bis 5 und das Geschlecht. Es ist herauszufinden, ob sich das Image zwischen den Geschlechtern unterscheidet. Es liegen 300 Datensätze vor. Welche Analyseverfahren sind geeignet und kann ChatGPT dieses durchführen?"* ChatGPT schlägt richtiger Weise einen Mittelwertvergleichstest (t-test) vor und bietet an, seine Durchführung schrittweise zu begleiten.

Bei der **Durchführung der Datenanalyse** wird analog zum vorausgehenden Kapitel zur Datenanalyse an dieser Stelle auch zwischen KI in der quantitativen und KI in der qualitativen Datenanalyse unterschieden. Im Folgenden wird für beide Fälle davon ausgegangen, dass die Daten in Tabellenform in Programmen wie Excel oder SPSS vorliegen. Der Vorteil von SPSS gegenüber Excel besteht darin, dass die Zahlen, z. B. 1 bereits mit Bedeutungen versehen sind, z. B. sehr gut, welche ChatGPT erkennen kann. Bei Excel muss dies der KI nochmals separat mitgeteilt werden. Da KMUs seltener über SPSS verfügen, wird im folgenden Beispiel mit einer Exceldatei gearbeitet. Dabei ist darauf zu achten, dass in der ersten Zeile die Variablen klar bezeichnet werden (z. B. Wichtigkeit Produktqualität). Generell gilt für die Datenanalyse mit ChatGPT, dass es komplexe Daten nicht automatisch analysiert, sondern mit geeigneten Daten und Prompts instruiert werden muss.

Bei der *quantitativen Datenanalyse* bietet ChatGPT umfangreiche Unterstützungen. Bei Plausibilitätskontrollen können im Abschn. 9.1 beschriebene Plausibilitätsabfragen direkt umgesetzt werden. Ein Beispielpromot ist: *„Erstelle eine Kreuztabelle aus „Wichtigkeit Verarbeitungsqualität und Wichtigkeit Materialqualität".* Werden unplausible Fälle identifiziert, z. B. Menschen, denen die Verarbeitungsqualität sehr wichtig (1) und die Materialqualität völlig unwichtig (5) ist, kann ChatGPT dies direkt in der Exceldatei löschen, z. B. mit dem Prompt: *„Lösche alle Fälle, die bei Verarbeitungsqualität 1 und gleichzeitig bei Materialqualität 5 angeben"* und anschließend die überarbeitete Datei direkt zum Download bereitstellen, sodass diese weiterbearbeitet werden kann.

Einfache Häufigkeiten oder Mittelwerte berechnet ChatGPT z. B. mit dem *Prompt „Berechne jeweils den Durchschnitt für die folgenden Variablen: Wichtigkeit: Produktqualität, Wichtigkeit: Produktdesign, Wichtigkeit: Kriterium NN 1, ... und erstelle eine Tabelle mit aufsteigenden Mittelwerten."* Dies ist nahezu beliebig erweiterbar, z. B. auf vergleichende Analysen mit dem Prompt: *„Bleibe bei den gerade betrachteten Variablen. Berechne nun die Mittelwerte getrennt danach, ob jemand ein eigenes Wohnmobil besitzt (ich besitze ein eigenes Wohnmobil= 1) oder nicht (ich besitze kein eigenes Wohnmobil= 0), sortiere die Ergebnisse aufsteigend nach dem Gesamtmittelwert."*

Streben KMUs über die beschriebenen deskriptiven Analysen hinaus komplexere Auswertungen an, sollte beachtet werden, dass ChatGPT kein spezialisiertes Datenanalysetool im engeren Sinn ist. Für solche Fälle stehen leistungsfähigere, jedoch meist kostenpflichtige KI-Systeme zur Verfügung, z. B.

- RapidMiner: Plattform für Data Mining und Predictive Analytics
- IBM SPSS Modeler: statistische Analysen und Predictive Modeling mit KI-Unterstützung
- MonkeyLearn: Textanalyse und Klassifikation
- KNIME: Open-Source-Plattform für Datenanalyse und -visualisierung

> ChatGPT bietet alle Möglichkeiten der deskriptiven Statistik. Erforderlich ist bei Excel als Basisdatei die Kenntnis der Kodierung. Der Vorteil der KI liegt darin, keine Analysekenntnisse in einer Software besitzen zu müssen, sondern die gewünschten Analysen als Prosa in einem Prompt beschreiben zu können. Eine Kenntnis der Bedeutung der ausgegebenen Kennzahlen ist für ihre Interpretation hingegen notwendig.

Bei der *qualitativen Datenanalyse* ist KI im Rahmen klassischer Befragungen vor allem für die Analyse offener Antwort einsetzbar. Deren Kategorisierung ist analog zur Zusammenfassung von Gruppendiskussionen durchführbar (Abschn. 8.4). Eine manuelle Kategorisierung ist sehr aufwendig, und KI führt hier zu einer extremen Zeitersparnis. Ein häufiges Beispiel ist die Analyse des Images einer Marke. Eine typische Frage lautet: „Was fällt Ihnen spontan zur Marke xy ein". Da eine Person mehrere Assoziationen zu einer Marke haben kann, muss für jede einzelne Assoziation eine eigene Variable angelegt werden. Werden 2.000 Menschen befragt und fallen jedem durchschnittlich 5 Begriffe zu einer Marke ein, sind 10.000 Antworten zu kategorisieren.

In der Praxis gibt es für die Kategorisierung zumeist zwei Ansätze. Der erste Ansatz ist eine offene Kategorisierung ohne inhaltliche Vorgaben. Dies ist i.d.R ein iterativer Prozess, der mit einem Prompt wie dem

folgenden startet: *„Die Variablen Marke A Assoziation 1, Marke A Asso-*
*ziation 2, …. enthalten offene Assoziationen mit der Marke A. Fasse die*
*genannten Assoziationen zu inhaltlich sinnvollen Kategorien zusammen.*
*Für die Anzahl der Kategorien gibt es keine Vorgabe. Orientiere dich bei*
*der Kategorienbildung an der inhaltlichen Ähnlichkeit der Assoziationen.*
*Liefere eine Tabelle mit den Namen der Kategorien sowie der absteigend*
*sortierten Anzahl der Nennungen je Kategorie und typischer Beispiele je*
*Kategorie."* Im Beispiel für die Assoziationen zu einer Wohnmobilmarke
liefert ChatGPT die folgende Tabelle:

| Kategorie | Anzahl Nennungen | Typische Beispiele |
|---|---|---|
| Sonstiges | 1260 | Wohnwagen, nichts, Wohnmobile |
| Qualität und Verarbeitung | 139 | Qualität, schlechte Qualität, hochwertig |
| Bekanntheit und Image | 122 | Tradition, bekannt, Bekannt |
| Modernität und Innovation | 95 | Modern, modern, innovativ |
| Preis und Preis-Leistung | 46 | Günstig, preiswert, günstig |
| Komfort und Ausstattung | 45 | Komfortabel, Komfort, Komfortabel |
| Freizeit, Reisen und Abenteuer | 43 | Urlaub, urlaub, Freiheit |
| Design und Ästhetik | 27 | Schön, schön, Design |
| Technische Eigenschaften | 4 | Tolle Technik, Top Technik, Multifunktional |
| Service und Kundenorientierung | 3 | Guter Service, guter Service, Service |

Es wird deutlich, dass die Lösung einer weiteren Bearbeitung bedarf,
da z. B. Groß- und Kleinschreibung eines Wortes als separate Nennungen aufgeführt werden und einige Kategorien wie „Sonstiges" sehr
groß sind. Weiterhin deuten die aufgeführten typischen Beispiele einiger Kategorien darauf hin, dass diese weiter unterteilt werden können. So unterscheidet die Kategorie "Qualität und Verarbeitung" z. B.
nicht zwischen positiven und negativen Aussagen. Dies ist jedoch für

eine Imageanalyse bedeutsam. In der Praxis empfiehlt sich, die konkreten Nennungen je Kategorie anzusehen und individuell über die weitere Kategorisierung zu entscheiden. Prompt: *„Liste alle konkreten Nennungen in der Kategorie „Sonstige" auf.".* Bei der Betrachtung des Ergebnisses ist auffällig, dass es viele Antworten gibt, die keine Assoziationen beschreiben. Diese können zum Beispiel mit folgendem Prompt in eine gesonderte Kategorie überführt werden: *„Betrachte die Kategorie „Sonstige". Bilde aus allen Begriffen, die keine Assoziation beschreiben, z. B. „keine" , „nichts" oder „weiß nicht" eine eigene Kategorie und erzeuge die vorherige Tabelle neu."*

Am Ende dieses iterativen Prozesses wird vorgeschlagen, die durch die KI vorgenommene Zuordnung aller einzelnen Begriffe zu Kategorien in einer Exceltabelle herunterzuladen, zu kontrollieren und ggf. händische Korrekturen der Kategorisierung vorzunehmen. Die so bearbeitete Tabelle kann zur weiteren Analyse wieder in ChatGPT hochgeladen werden.

Der zweite Ansatz ist eine überprüfende Kategorisierung. Bei dieser stehen die Kategorien bereits fest. Dies ist beispielsweise dann der Fall, wenn ein bestimmtes Soll-Image eines Unternehmens vorgegeben und nun zu analysieren ist, inwieweit die offenen Nennungen diesem Sollimage entsprechen. Ein entsprechender Prompt kann lauten: *„Es liegen bereits folgende Kategorien vor: fortschrittlich, zuverlässig, preiswürdig, hochwertig, familienfreundlich. Betrachte weiterhin die gleichen Variablen des Datensatzes und ordne diesen den vorgegebenen Kategorien zu. Bilde eine gesonderte Kategorie mit Nennungen, die nicht zu den vorgegebenen Kategorien passen. Erzeuge erneut eine entsprechende Tabelle und Excel-Datei."* Die Zuordnung ist wie bei der oben geschilderten offenen Zuordnung im iterativen Verfahren zu prüfen.

> Die qualitative Kategorisierung offener Antworten mittels KI bedarf einer manuellen Kontrolle der Zuordnungen – sowohl im Hinblick auf die Anzahl und Art der Kategorien als auch auf die konkrete Zuordnung einer Aussage zu einer Kategorie. Dennoch stellt die Unterstützung der KI im Vergleich zu einer ausschließlich händischen Kategorisierung eine erhebliche Arbeitserleichterung und Zeitersparnis dar.

**Ihr Transfer in die Praxis**

- Jede Datenanalyse startet mit der Sichtung und Aufbereitung der Daten. Gehen Sie bei diesem Prozess besonders sorgfältig vor – nur eine verlässliche und strukturierte Datenbasis kann auch verständliche und plausible Ergebnisse erzeugen.
- Seien Sie sich bewusst über das Niveau der zugrundeliegenden Daten und wählen Sie immer die Auswertungsmethode, die dem Datenniveau gerecht wird.
- Arbeiten Sie in der Datenauswertung immer mit dem Mehraugenprinzip, um Übertragungs- und Auswertungsfehler frühzeitig zu entdecken und ein Höchstmaß an Objektivität zu gewährleisten.
- KI kann in der quantitativen Datenanalyse effizient unterstützen, bei der qualitativen Analyse hingegen bleibt aktuell – trotz KI-Hilfe – die menschliche Interpretation unverzichtbar.

# Literatur

Backhaus, K., Erichson, B., Gensler, S., Weiber, R. & Weiber, T. (2023): Multivariate Analysemethoden – Eine anwendungsorientierte Einführung, 17. Aufl., Springer Gabler, Wiesbaden.

Döring, N. (2023): Forschungsmethoden und Evaluation in den Sozial- und Humanwissenschaften, 6. Aufl., Springer, Heidelberg.

Homburg, Ch., Herrmann, A., Pflesser, C. & Klarmann, M. (2008): Methoden der Datenanalyse im Überblick. In: Hermann, A. et al. (Hrsg.): Handbuch Marktforschung, 3. Aufl., Springer Gabler, Wiesbaden, S. 151–176.

Kreis, H., Wildner, R. & Kuß, A. (2024): Marktforschung – Datenerhebung und Datenanalyse, 8. Aufl., Springer Gabler, Wiesbaden.

Kuß, A., Wildner, R. & Kreis, H. (2018): Marktforschung – Datenerhebung und Datenanalyse, 6. Aufl., Springer Gabler, Wiesbaden.

Mayring, P. (2022): Qualitative Inhaltsanalyse – Grundlagen und Techniken, 13. Aufl., Beltz, Weinheim.

Steffen, A. & Doppler, S. (2019): Einführung in die Qualitative Marktforschung – Design, Datengewinnung, Datenauswertung, Springer Gabler, Wiesbaden.

# Weiterführende Literatur

Field, A. (2024): Discovering Statistics Using IBM SPSS Statistics, 6. Aufl., Sage Publications.

Kosfeld, R., Eckey, H.F. & Türck, M. (2016): Deskriptive Statistik – Grundlagen, Methoden, Beispiele, Aufgaben, 6. Aufl., Springer Gabler, Wiesbaden.

# 10

## Checklisten für Befragungen, Gruppendiskussionen und KI in der Marktforschung

Wie die Ausführungen zu den beiden Erhebungsmethoden gezeigt haben, sind vielfältige Überlegungen zu Beginn und während des Einsatzes der Methoden wichtig, um deren erfolgreiche Anwendung zu gewährleisten. Die abschließend in den drei folgenden Abschnitten bereitgestellten Checklisten fassen diese notwendigen Überlegungen – von der Planung bis zur Analyse – übersichtlich zusammen: für die quantitative Befragung, die Gruppendiskussion und den Einsatz von Künstlicher Intelligenz.

## 10.1 Checkliste: (Quantitative) Befragung

| Vorabüberlegungen | |
|---|---|
| Sind das betriebliche Problem und der Zweck der Informationen klar? | ☐ |
| Ist festgelegt, welche Informationen ich benötige und dass genau diese Informationen mein betriebliches Problem lösen können? | ☐ |
| Kenne ich die Hintergründe/Modelle (z. B. zu Kundenzufriedenheit oder Sales Funnel) als Grundlage für die Befragung? | ☐ |
| Habe ich das interne Know-how, um eine Befragung zu planen? | ☐ |

W. Heidig und T. Dobbelstein, *Quick Guide Marktforschung im Mittelstand*, Quick Guide, https://doi.org/10.1007/978-3-658-49205-2_10

## Vorabüberlegungen

Habe ich die notwendigen Ressourcen (z. B. Software, Personal) um die Befragung durchzuführen? ☐
Habe ich Know-how und Ressourcen, um Antworten zu erfassen und zu analysieren? ☐

## Planung der Befragung

Eindeutige Definition der relevanten, zu befragenden Zielgruppe (z. B. Kunden, die in einem bestimmtem Zeitraum kaufen, Bewohner einer Stadt, alle Bäckereien einer Region) ☐
Falls erforderlich, Planung einer Stichprobe (Repräsentativität angestrebt, Anzahl und Methode zur Auswahl der Teilnehmer) ☐
Bestimmen der Befragungsmethode (online, telefonisch, schriftlich, persönlich) ☐
Festlegen von Zugang zu/Erreichbarkeit der potentiellen Befragten (z. B. Kundendatenbank, Online-Access-Panel-Anbieter) ☐
Prüfen der rechtlichen Voraussetzungen/Datenschutzerklärung bzw. Zustimmung zur Speicherung persönlicher Daten ☐
Erstellen eines Zeitplans incl. benötigter Ressourcen ☐

## Erstellung des Fragebogens

Festlegung der maximalen Dauer zur Beantwortung des Fragebogens ☐
Aufbau der Fragebogenstruktur entsprechend der Leitlinien ☐
Formulierung DSGVO-Hinweis und Fragen unter Beachtung der formalen Anforderungen ☐
Sicherstellen, dass Fragen zur Plausibilitätskontrolle enthalten sind ☐
Formulierung einer Einladung zur Befragung (E-Mail, Brief, Post auf sozialen Medien, Begrüßungstext am Telefon) ☐
Pretest des Fragebogens an der Zielgruppe, ggf. Modifikation ☐

## Durchführung der Befragung

Vorbereiten des Erhebungsinstrumentes (z. B. Programmierung des Fragebogens, Druck von Fragebogen, Schulung von Interviewern) ☐
Versand der Einladungen, Akquise der Teilnehmer ☐
Monitoring der Beteiligungsquote ☐
Monitoring evtl. Probleme bei Verständnis, Zugang zur Befragung, Auffälligkeiten ☐

| Durchführung der Befragung | |
|---|---|
| Bei geringer Teilnahmequote evtl. Erinnerung an Befragung oder Ausdehnen der Anzahl eingeladener Teilnehmer | ☐ |

| Qualitätskontrolle und Auswertung | |
|---|---|
| Je nach Befragungsart erfassen der Antworten in zur Analyse geeigneter Software (z. B. Excel, SPSS) | ☐ |
| Trennung von persönlichen Daten und Antworten (z. B. wenn Emailadresse wegen Verlosung erfasst) | ☐ |
| Plausibilitätskontrolle der Antworten, Löschen unplausibler Teilnehmer | ☐ |
| Analyse entsprechend der Befragungsziele | ☐ |
| Interpretation der Ergebnisse und Ableiten von Handlungsempfehlungen | ☐ |
| Je nach Datenschutzinformation Löschen der Originaldaten | ☐ |

## 10.2   Checkliste: Gruppendiskussion

| Vorabüberlegungen | |
|---|---|
| Habe ich eine eindeutige Forschungsfrage definiert? | ☐ |
| Lassen sich die Forschungsfragen mit einer Gruppendiskussion beantworten? | ☐ |
| Kann ich auf repräsentative Ergebnisse verzichten? | ☐ |
| Habe ich das interne Know-how, um eine Gruppendiskussion zu *planen*? | ☐ |
| Habe ich das interne Know-how, um eine Gruppendiskussion *durchzuführen*? | ☐ |
| Habe ich das interne Know-how, um eine Gruppendiskussion zu *moderieren*? | ☐ |
| Habe ich das interne Know-how, um eine Gruppendiskussion *auszuwerten*? | ☐ |

| Planung der Gruppendiskussion | |
|---|---|
| Anzahl an Gruppendiskussionen festlegen | ☐ |
| Teilnehmeranzahl pro Gruppe festlegen | ☐ |
| Teilnehmer bestimmen und einladen (zzgl. möglicher „Reservekandidaten") | ☐ |
| Festlegung der Moderation (inkl. vorheriger Proben, Schulungen) | ☐ |
| Festlegung oder Anmietung von Räumlichkeiten | ☐ |
| Auswahl und Test des Equipments | ☐ |
| Organisation der Verpflegung | ☐ |

## Erstellung des Leitfadens

Festlegung von Themengebieten und Ableitung von Diskussionsfragen ☐
Erarbeitung von Unterfragen/Detailfragen ☐
Festlegung des Stimulusmaterials (z. B. Filme, Fotos, Produkte etc.) ☐
Prüfung aller Fragen (offene Fragen, keine Suggestion etc.) ☐
Pretest des Leitfadens ☐

## Durchführung der Gruppendiskussion

Vorbereitung der Räumlichkeiten ☐
Begrüßung der Teilnehmer in lockerer Runde ☐
Vorstellung des Moderators, des Themas und des Datenschutzes ☐
Vorstellung der teilnehmenden Personen ☐
Moderation entlang des Leitfadens ☐
Interaktive Elemente und Pausen nicht vergessen ☐
Zusammenfassung der Ergebnisse ☐
Feedback an den Moderator ☐
Verabschiedung ☐

## Nachbereitung und Auswertung

Danksagung an Teilnehmer nach der Diskussionsrunde ☐
Transkription der Gruppendiskussion ☐
Lesen der Transkripte ☐
Erstellung eines Codebuchs ☐
Kodierung der Transkripte ☐
Bildung von Kategorien ☐
Inhaltliche Beschreibung der Kategorien ☐
Ggf. Auszählung der Kategorien ☐
Ableitung von Handlungsempfehlungen ☐

## 10.3 Checkliste: Einsatz von KI in der Marktforschung von KMU

---

**Vorabüberlegungen**

| | |
|---|---|
| Welche Einsatzbereiche lassen sich identifizieren (z. B. Transkription)? | □ |
| Ist der Mehrwert des KI-Einsatzes klar definiert? (Effizienz, Qualität) | □ |
| Sind passende KI-Tools bekannt und identifiziert (ggf. lizenziert)? | □ |
| Ist internes Know-how vorhanden oder externe Unterstützung geklärt? | □ |
| Sind rechtliche und ethische Fragen zur KI-Nutzung geklärt? | □ |
| Sind technische Voraussetzungen erfüllt? (z. B. API-Zugang oder Webversion) | □ |

---

**Auswahl geeigneter KI-Tools**

| | |
|---|---|
| Recherche relevanter KI-Anbieter durchgeführt | □ |
| Kriterien wie Nutzerfreundlichkeit, Support, Preis, Datenschutz geprüft | □ |
| Testlauf mit Demodaten erfolgreich durchgeführt | □ |

---

**Durchführung und Monitoring**

| | |
|---|---|
| Qualität der Eingabedaten gesichert (z. B. Audiodaten für Transkription) | □ |
| Schulungen in Bedienung bzw. Prompting durchgeführt | □ |
| Monitoring der KI-Ergebnisse auf Plausibilität und Verständlichkeit durchgeführt | □ |
| Ergebnisse sowie verwendete Prompts und KI-Einstellungen dokumentiert | □ |

---

**Qualitätskontrolle und Evaluation**

| | |
|---|---|
| Qualitätskontrolle der KI-Ergebnisse durchgeführt | □ |
| Kritische Interpretation der KI-Ergebnisse erfolgt | □ |
| Handlungsempfehlungen aus KI-Ergebnissen abgeleitet | □ |
| Erfahrungen und Erkenntnisse dokumentiert | □ |

# 11

# Fazit zur Marktforschung im Mittelstand

Für Entscheidungsträger im Mittelstand ist es in Zeiten von Big Data, Data Intelligence und einer kaum überblickbaren Methodenvielfalt in der Marktforschung gar nicht so einfach, die richtigen Ansätze zur Erkenntnisgewinnung zu finden. Mit dem zunehmenden Einsatz von Künstlicher Intelligenz eröffnet sich jedoch gerade für KMU ein neuer, besonders praxisnaher Zugang zu datengetriebenen Analysen.

Der vorliegende Leitfaden orientiert sich weniger an der aktuellen Methodendiskussion, als vielmehr an den im Mittelstand immer wiederkehrenden Fragestellungen, die vor allem den Themen Kundenzufriedenheit und Customer Journey gewidmet sind. Auch in Zeiten der Digitalisierung handelt es sich bei diesen Forschungsschwerpunkten um Evergreens, die nicht an Bedeutung verloren haben – ganz im Gegenteil. Die Digitalisierung ermöglicht es in diesem Zusammenhang, Informationen über Kunden und Märkte schneller und in Echtzeit zu erheben.

Zwar liefern typische Big-Data-Anwendungen, wie etwa Analysen des Klick-Verhaltens oder Kaufverhaltens der Kunden, umfangreiche Daten über das tatsächliche Kundenverhalten. Allerdings können diese Daten allein oft nicht die Beweggründe und Motive hinter diesem Verhalten

W. Heidig und T. Dobbelstein, *Quick Guide Marktforschung im Mittelstand,* Quick Guide, https://doi.org/10.1007/978-3-658-49205-2_11

erklären. Hier setzen klassische und KI-gestützte Marktforschungsmethoden wie quantitative Fragebögen, qualitative Gruppendiskussionen und innovative KI-Analysen (z. B. Sentimentanalysen oder synthetische Personas) an. Beide klassischen Erhebungsinstrumente bleiben dabei nach wie vor die wichtigsten Marktforschungsinstrumente zur Erhebung von Primärdaten, erfahren jedoch durch KI-Technologien einen deutlichen Effizienzschub.

Wir sprechen uns daher für eine gezielte Integration KI-gestützter Verfahren aus, die klassische qualitative und quantitative Marktforschungsmethoden sinnvoll unterstützen – insbesondere in einzelnen Prozessschritten wie der Datenauswertung und Dateninterpretation. Durch diese Integration entsteht für den Mittelstand ein echter Mehrwert – die KI-basierte Erweiterung ermöglicht schnellere, umfassendere und tiefgründigere Einblicke in Kundenbedürfnisse und Marktentwicklungen und macht Marktforschung effizienter und zukunftssicher.

Der vorliegende Leitfaden liefert die dazu erforderliche Orientierung. Er richtet sich am Informationsbedarf des Mittelstandes, seinen gängigen Fragestellungen und an einer Marktforschungsmethodik aus, die der Mittestand eigenständig umsetzten kann. Zusätzlich bietet er konkrete, praxisnahe Empfehlungen und Anwendungsbeispiele zum Einsatz von KI in Form von ChatGPT, um Marktforschungsprojekte effizienter und aussagekräftiger zu gestalten. Er enthält einen wissenschaftlich abgesicherten Methodenbaukasten, klare Leitlinien zur Methodenauswahl sowie schrittweise Beschreibungen der einzelnen Analysestufen. Checklisten, Kontrollmechanismen und Praxisbeispiele ermöglichen es jedem Mittelständler, eine zuverlässige, methodisch fundierte und innovative Analyse von tatsächlichen oder potentiellen Kunden durchzuführen, um auf dieser Basis zukunftsweisende Entscheidungen für sein Unternehmen abzuleiten.